BABY & KiDS
어린이 패션 손뜨개

임현지 저

Baby & Kids
Fashion
handknit

예신 Books

F.o.r.e.w.o.r.d [머리말]

엄마가 되는 순간, 내 아이는 이 세상에서 가장 사랑스럽고 아름답고 귀한 보물 등 그 어떤 말로도 표현이 모자라는 존재가 된다.

내 아이 만큼은 최고로 키우고 싶은 마음은 이 세상 엄마들의 모두 같은 마음일 것이라 생각된다.

그러한 마음은 엄마의 사랑을 가득 담은 음식으로 표현되기도 하는데 예쁜 옷을 직접 만들어 입힌다면 그 또한 가장 큰 보람 중의 하나일 것이다.

이 책은 아이들의 연령별로 파트를 나누어 구성하였으며, 쉬운 설명과 함께 심플하고 상세한 도안을 모두 수록하였다.

이 책을 통해 뜨개질 초보 엄마에서부터 주부 9단의 엄마까지 내 아이의 치수를 가늠하여 정성들여 옷을 만들어 입혔으면 하는 바람이다.
또한 엄마의 사랑과 정성이 아이에게 전해질 수 있기를 바란다.

책을 펴내는데 힘써주신 **예신** 임직원 여러분께 감사드린다.

임현지(jwy1266@hanmail.net)

C.o.n.t.e.n.t.s [차례]

Part **1** 유아 · 유치원용

사랑스런 아이를
위한 손뜨개

1 노란색 아이 슈트 ·················· 8

2 갈색 어린이 투피스 ················ 16

3 남자 어린이 자켓 ·················· 24

4 풀색 후드 점퍼 ···················· 32

Part **2** 저학년 어린이용

밝고 명랑한 아이를
위한 손뜨개

1 어린이 체리핑크 슈트 & 가방 ········ 42

2 어린이 흰색 투피스 ················ 48

3 겨자색 볼레로 ····················· 56

4 여자 어린이 재킷 ·················· 64

5 녹두 보라색 투피스 ················ 72

6 빨간색 원피스 ····················· 80

7 꽃분홍 민소매 원피스················ 88

Part **3** 고학년 어린이용

부쩍 성숙한 아이를
위한 손뜨개

1 파란색 조끼 ································· 96

2 베이지색 티셔츠 ···················· 102

3 파란색 후드 코트 ················· 108

4 체리핑크 코트 ······················ 116

5 점퍼 스커트 ························· 124

부록 ● 유아 · 어린이용

소품 손뜨개

1 아기 모티프 이불 ················· 134

2 아기 모자 ··················· 138

3 아기 양말 ················· 142

4 주머니 모자 ··················· 146

5 베이지색 모자와 목도리 ········· 150

6 체리핑크 모자와 목도리 ········· 154

Knit

knit for baby & kids

유아 · 유치원용

사랑스런 아이를
위한 손뜨개

1

노란색 아기 슈트

1. 라운드 넥은 1코 고무뜨기로 뜬다.
2. 몸판에 소매달기
3. 허리단은 1코 고무뜨기로 해서 접어 붙여 고무줄을 넣어준다.
4. 바지통에 리본 장식 달기와 바지 밑단 장식뜨기

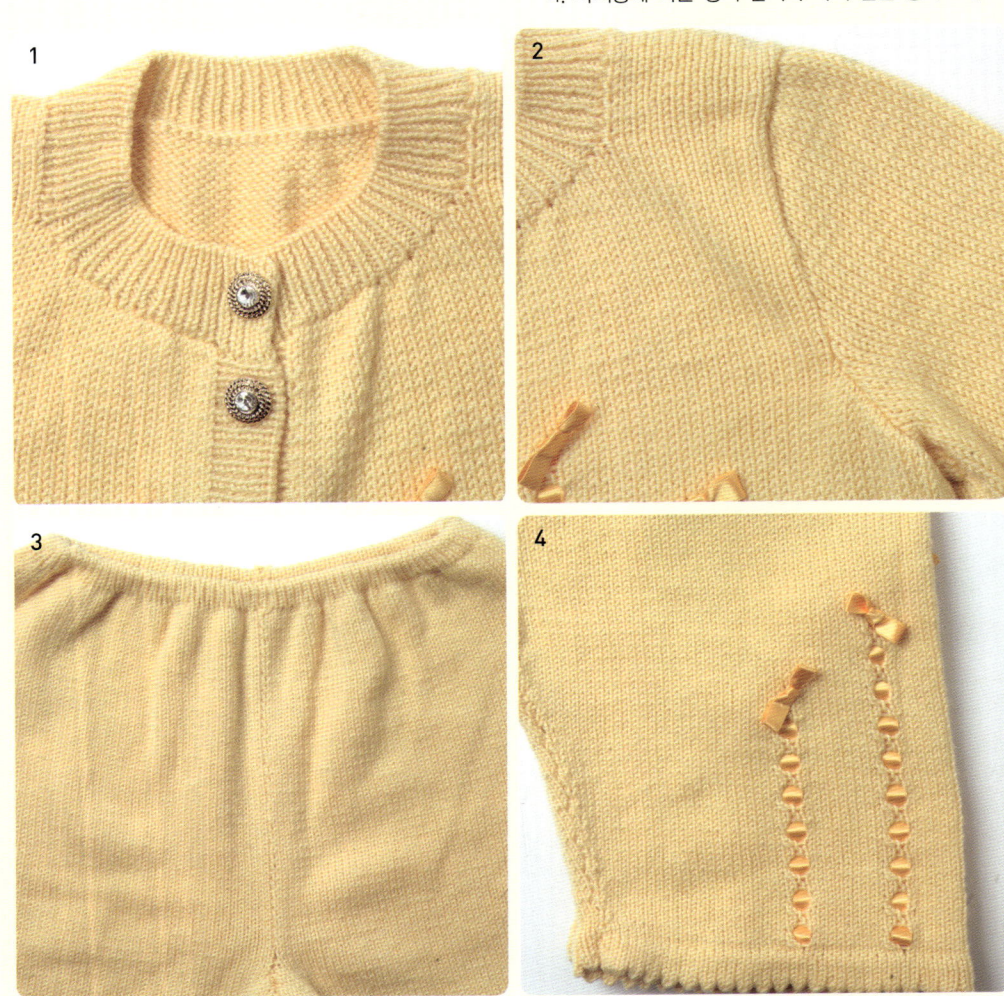

노란색 아기 슈트

완성 치수

0~1세

재료와 도구

실   메리노(노란색)

바늘   2.5mm 줄바늘, 3mm 줄바늘, 돗바늘

부속품   노란 리본, 단추 5개, 고무줄, 밑실

 ## 뜨는 방법

【뒤판】

❶ 3mm 줄바늘에 밑실로 97코를 만들어 본실로 메리야스뜨기 10단을 뜨고, 무늬뜨기 A 2단 뜬 후, 다시 메리야스 10단을 떠 준 뒤, 밑실 시작 부분에서 코를 걸어 뜨기하며 붙여 밑단을 만든다.

❷ 몸판은 메리야스 52단 뜨고 소매둘레를 만드는데 양옆 가장자리를 각각 8코 막음한 뒤 2단마다 3코, 2코, 1코 순으로 줄여 69코가 되게하고 평 45단을 뜨고 마친다.

❸ 밑실은 풀어낸다.

【앞판】

❶ 3mm 줄바늘에 밑실로 51코를 만들어 본실로 메리야스뜨기 10단을 뜨고, 무늬뜨기 A 2단 뜬 후, 다시 메리야스 10단을 떠 준 뒤, 밑실 시작 부분에서 코를 걸어 뜨기하며 붙여 밑단을 만든다.

❷ 몸판은 앞판 도안을 참고하여 뜬다.

❸ 어깨코 15코는 뒤판 어깨에 마주 붙이고, 옆솔기는 돗바늘로 붙인다. 밑실은 풀어낸다.

【소매】

❶ 3mm 줄바늘에 밑실로 37코를 만들어 본실로 메리야스뜨기 10단을 뜨고, 무늬뜨기 A 2단 뜬 후, 다시 메리야스 10단을 떠 준 뒤, 밑실 시작 부분에서 코를 걸어 뜨기하며 붙여 밑단을 만든다.

❷ 밑단이 끝나면 몸판은 45코가 되게 늘려주고 8단마다 양옆 가장자리를 1코씩 늘리기 6회 하며 56단 뜬다.

❸ ❷가 완성되면 소매산을 만드는데 양옆 가장자리를 각각 5코 막음한 뒤 2단마다 2코, 1코-12회, 2코 순으로 줄이고, 나머지코는 막음코로 마무리한다.

❹ 똑같이 한 장 더 떠서 밑실은 풀어내고, 옆솔기는 돗바늘로 붙인 뒤 몸통에 달아준다.

【단뜨기】

❶ 앞중심단은 2.5mm 줄바늘을 이용해 93코를 주어 1코 고무뜨기로 10단을 뜨고, 돗바늘로 마무리한다. 오른쪽 단에는 단춧구멍을 4개 만든다.

❷ 목단은 2.5mm 줄바늘을 이용해 121코를 주어 1코 고무뜨기 14단을 뜨고, 돗바늘로 마친다.

❸ 앞판은 구멍무늬뜨기한 곳에 리본으로 장식하고 단추를 달아 완성한다.

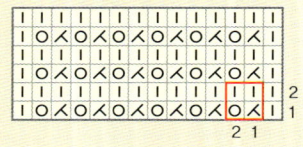

무늬뜨기 A
(2코 2단 1무늬)

【바지】

① 3mm 줄바늘에 밑실로 90코를 만들어 본실로 메리야스뜨기 6단을 뜨고 7, 8단은 무늬뜨기 A로 뜬 후 다시 메리야스뜨기 6단을 떠 준 다음, 밑실 시작 부분에서 코를 걸어 뜨기하며 붙여 밑단을 만든다.

② 바지통은 바지 도안을 참고로 오른쪽, 왼쪽 각 1장씩 뜨고, 돗바늘로 꿰매어 바지모양을 만든다.

③ 허리는 115코가 되게 코를 줄이고, 메리야스뜨기 14단을 뜬 다음, 고무줄을 넣고 허리단을 접어 감침질하여 마친다.

④ 구멍무늬뜨기한 곳에 리본으로 장식한다.

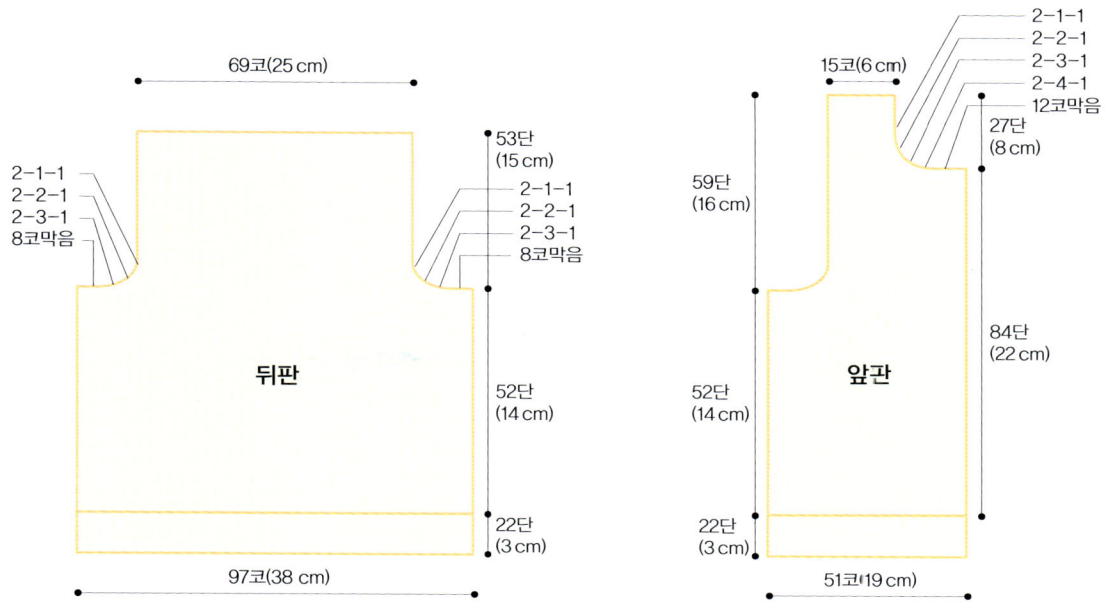

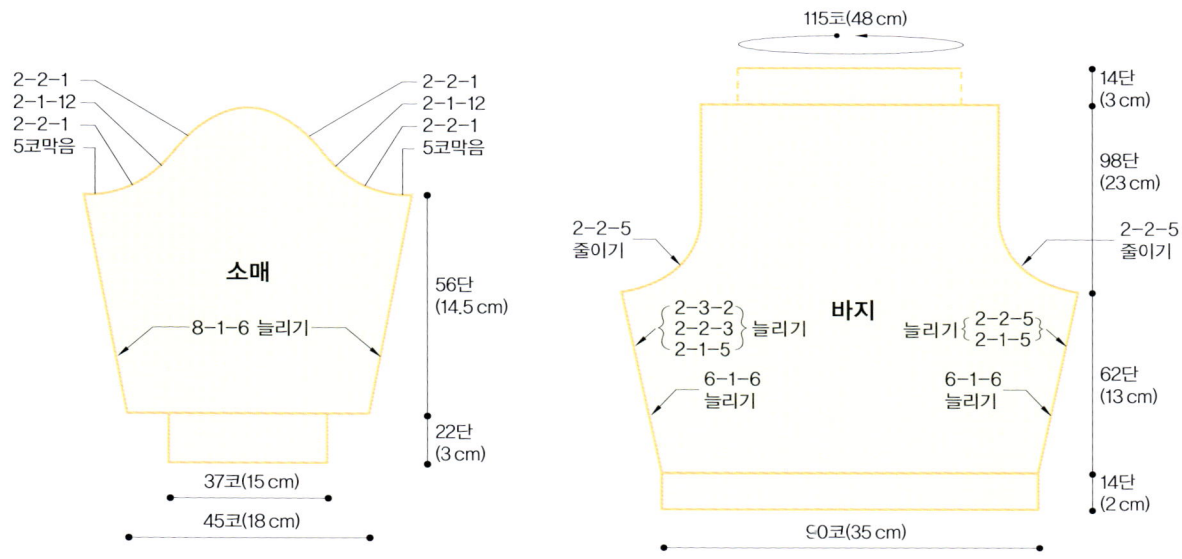

앞 판

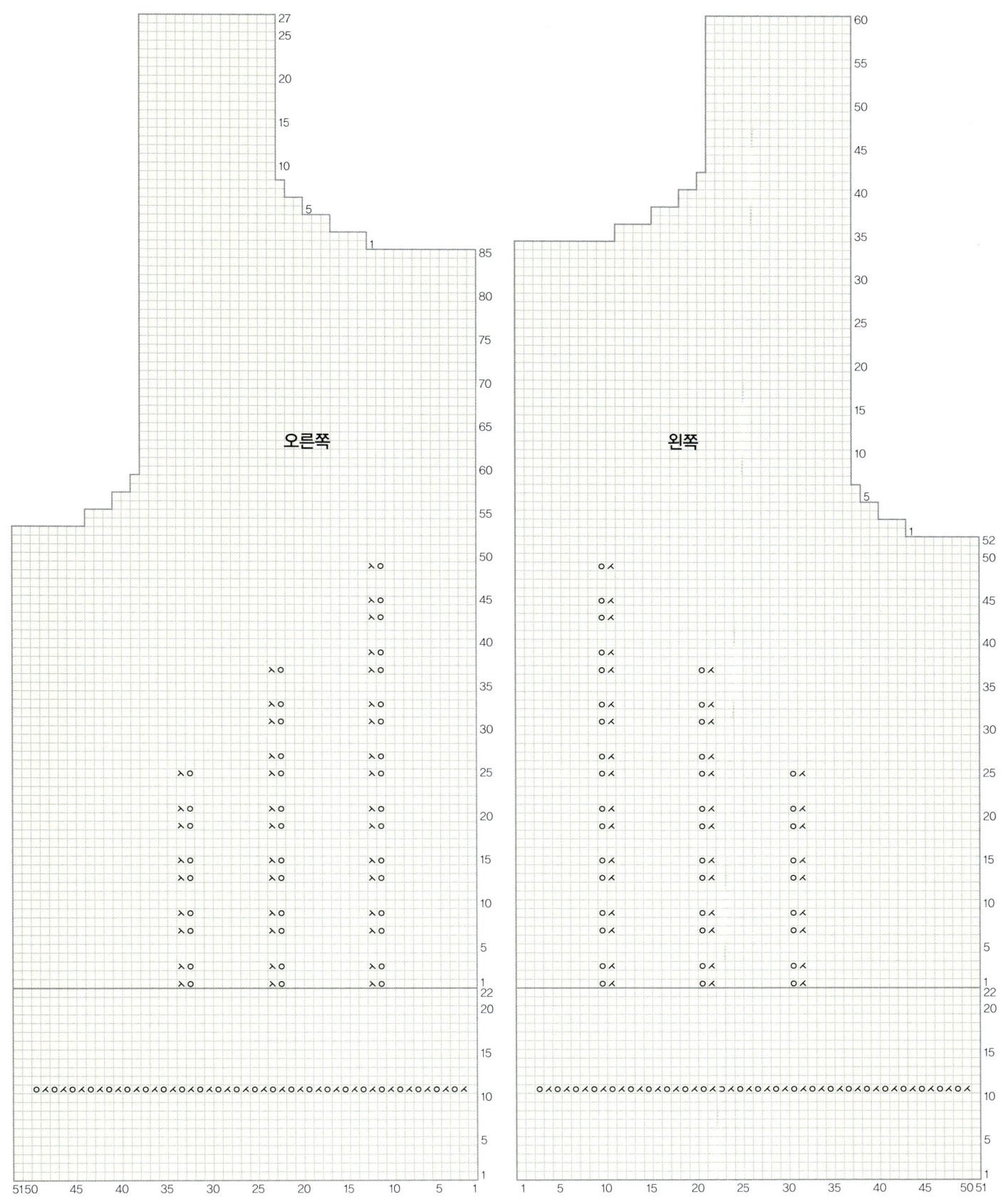

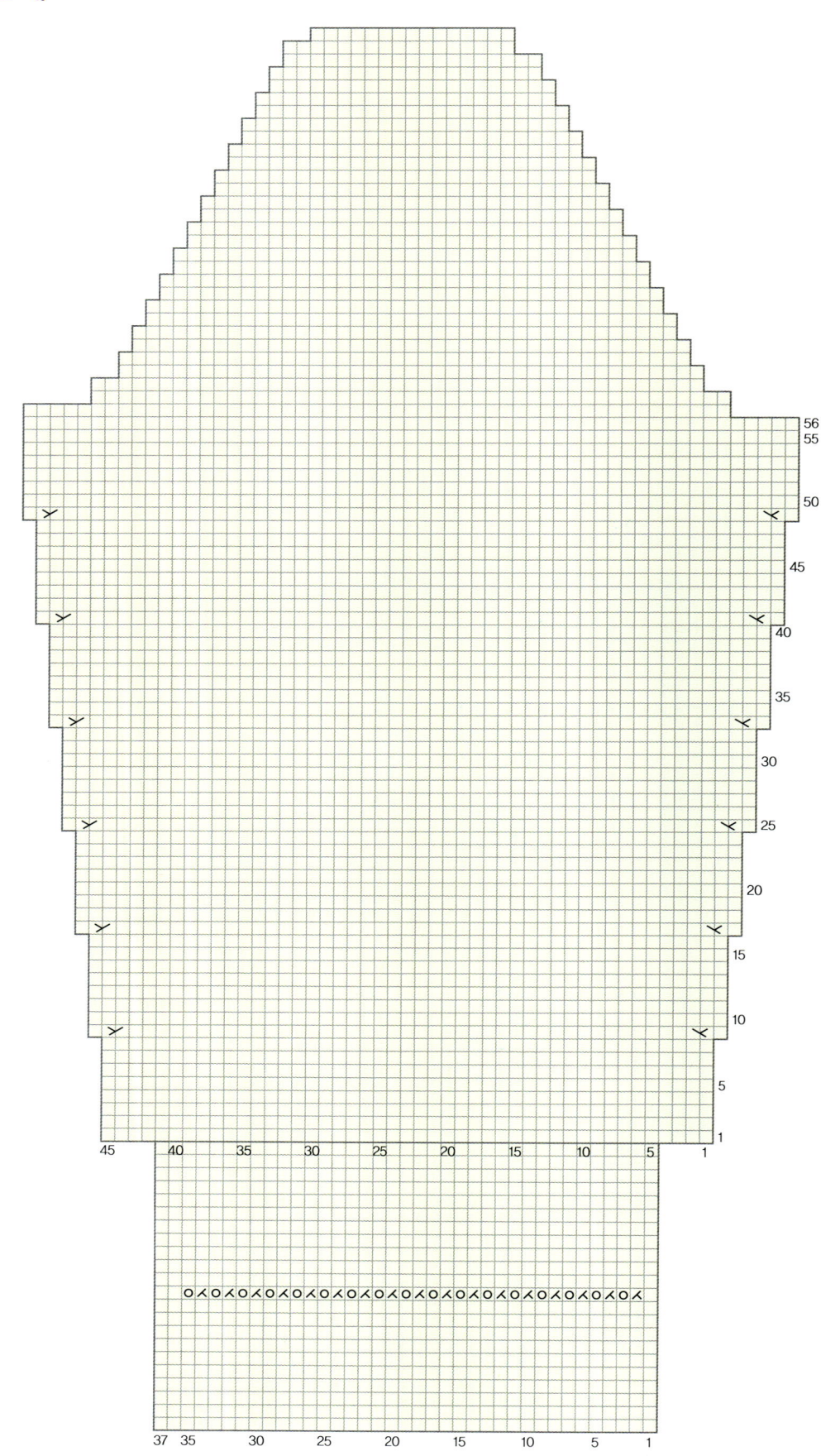

바 지 (오른쪽 바지)

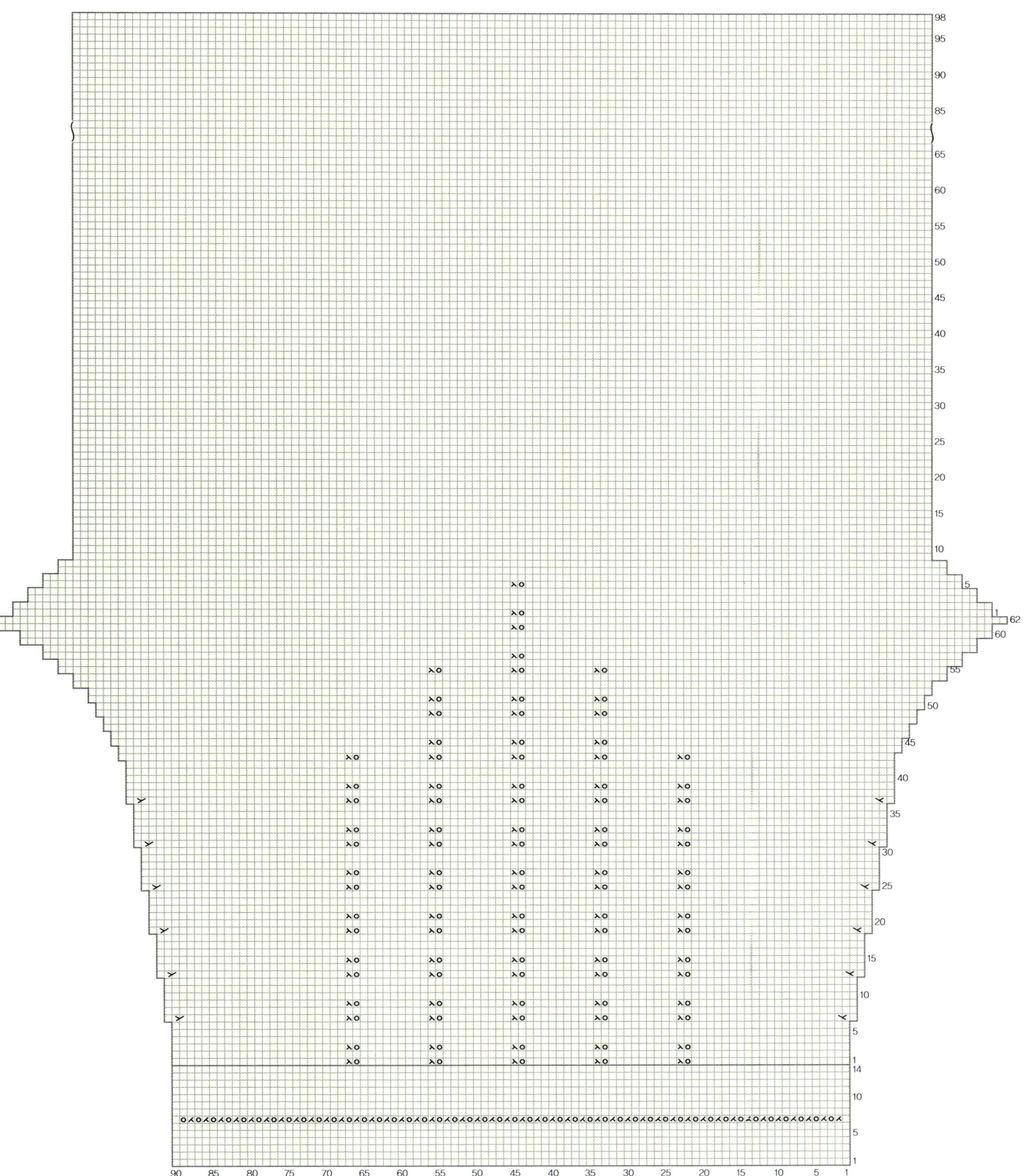

2 갈색 어린이 투피스

knit for baby & kids

1. 라운드 넥은 1코 고무뜨기로 한다.
2. 밑단은 가터뜨기로 하고 꽃장식을 달아준다.
3. 허리에 고무밸트를 넣어준다.
4. 치마단은 가터뜨기로 하고 꽃장식을 달아준다.

갈색 어린이 투피스

 뜨는 방법

【뒤판】

❶ 흔들코 62코를 만들어 가터뜨기 6단 뜬 뒤 46단을 도안대로 무늬뜨기하고 소매둘레를 만드는데, 양옆 가장자리를 각 5코씩 막음한 뒤 2단마다 각각 2코, 1코-2회 순으로 줄인다.

❷ ❶번이 끝나면 44코를 무늬뜨기하며 27단을 더 뜨고 마무리한다.

【앞판】

❶ 흔들코 62코를 만들어 가터뜨기 6단을 뜬 뒤 46단을 도안대로 무늬뜨기하고 소매둘레를 만드는데, 양옆 가장자리를 각 5코씩 막음한 뒤 2단마다 각각 2코, 1코-2회 순으로 줄인다.

❷ ❶번이 끝나면 44코 14단을 뜨고 앞목둘레를 만든다.

❸ 앞목둘레는 앞판 중심에 12코를 남기고 중심코 기준으로 양옆을 각각 2단마다 3코, 2코, 1코 순으로 줄여 양 어깨코가 각 10코가 되게 하여 7단 더 뜬 뒤 뒤판 어깨와 마주 붙이고, 옆솔기는 돗바늘로 붙인다.

❹ 목둘레는 3.5mm 줄바늘로 86코를 주어 1코 고무뜨기로 10단을 뜨고 돗바늘로 마무리한다.

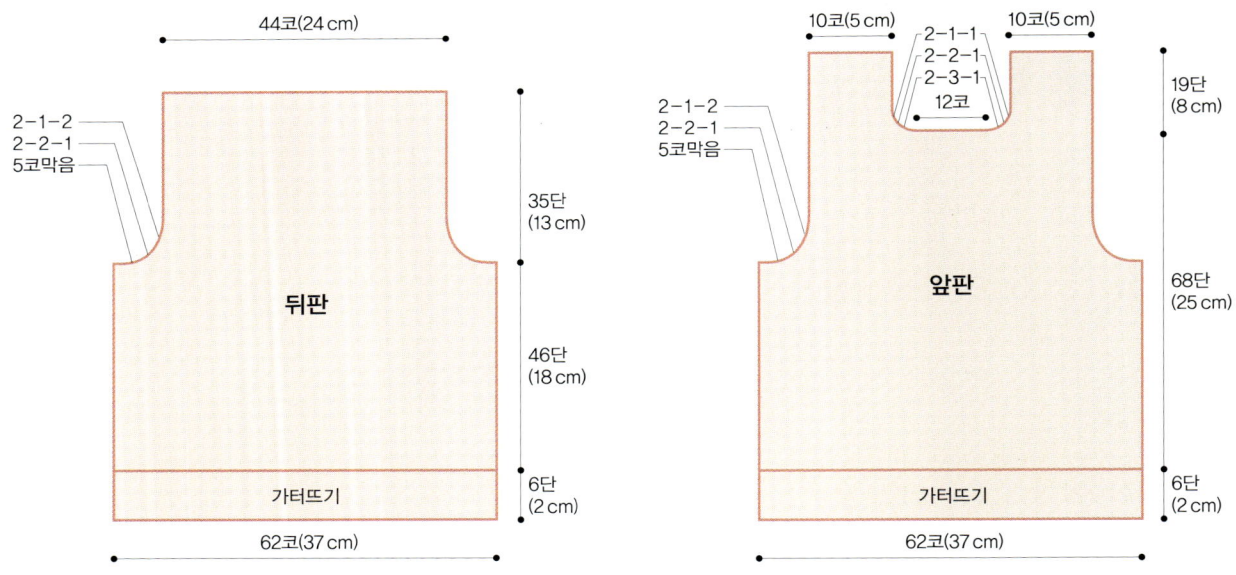

뒤판: 44코(24 cm) / 2-1-2, 2-2-1, 5코막음 / 35단(13 cm) / 뒤판 / 46단(18 cm) / 6단(2 cm) / 가터뜨기 / 62코(37 cm)

앞판: 10코(5 cm) / 2-1-1, 2-2-1, 2-3-1 / 12코 / 10코(5 cm) / 2-1-2, 2-2-1, 5코막음 / 19단(8 cm) / 앞판 / 68단(25 cm) / 6단(2 cm) / 가터뜨기 / 62코(37 cm)

【소매】

① 흔들코 48코를 가터뜨기로 6단 뜨고 평 8
단을 뜬 뒤 6단마다 양옆 가장자리에서 1
코씩 늘리기 4회 해주고, 소매산을 만드는
데, 먼저 5코 막음한 뒤 2단마다 2코, 1코
-9회, 2코 순으로 줄인 뒤 막음코로 마무
리한다.

② ①과 같이 소매 한 장을 더 떠서 옆솔기는
돗바늘로 붙인 후 몸판에다 이어 붙인다.

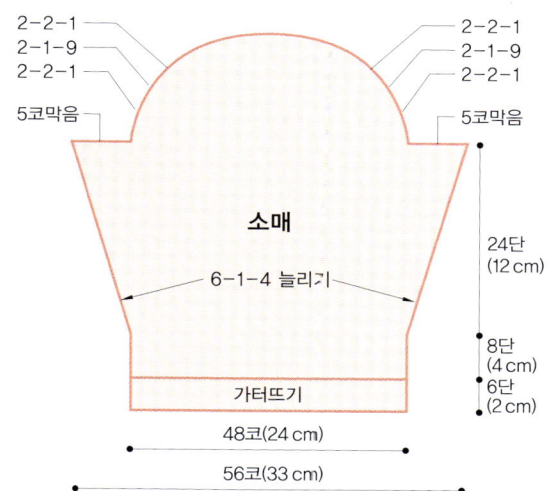

2-2-1
2-1-9
2-2-1

2-2-1
2-1-9
2-2-1

5코막음   5코막음

소매

6-1-4 늘리기

24단
(12 cm)

8단
(4 cm)
6단
(2 cm)

가터뜨기

48코(24 cm)

56코(33 cm)

【치마】

① 흔들코 210코를 만들어 원통뜨기와 가터
뜨기로 6단 뜨고 무늬뜨기를 하는데 평 6
단 뜨고 8단마다 10코씩 줄이기 10회하고
110코가 되게 만든 후 평 1단을 뜬다.

② ①이 끝나면 10코를 줄여 100코를 메리야
스뜨기 20단을 떠서 고무밸트 넣고 감침질
하여 마친다.

③ 치마 도안을 참고해서 완성한다.

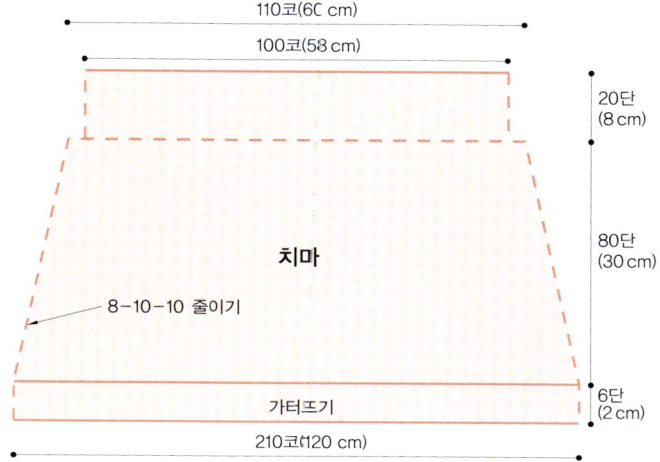

110코(60 cm)

100코(58 cm)

20단
(8 cm)

80단
(30 cm)

치마

8-10-10 줄이기

6단
(2 cm)

가터뜨기

210코(120 cm)

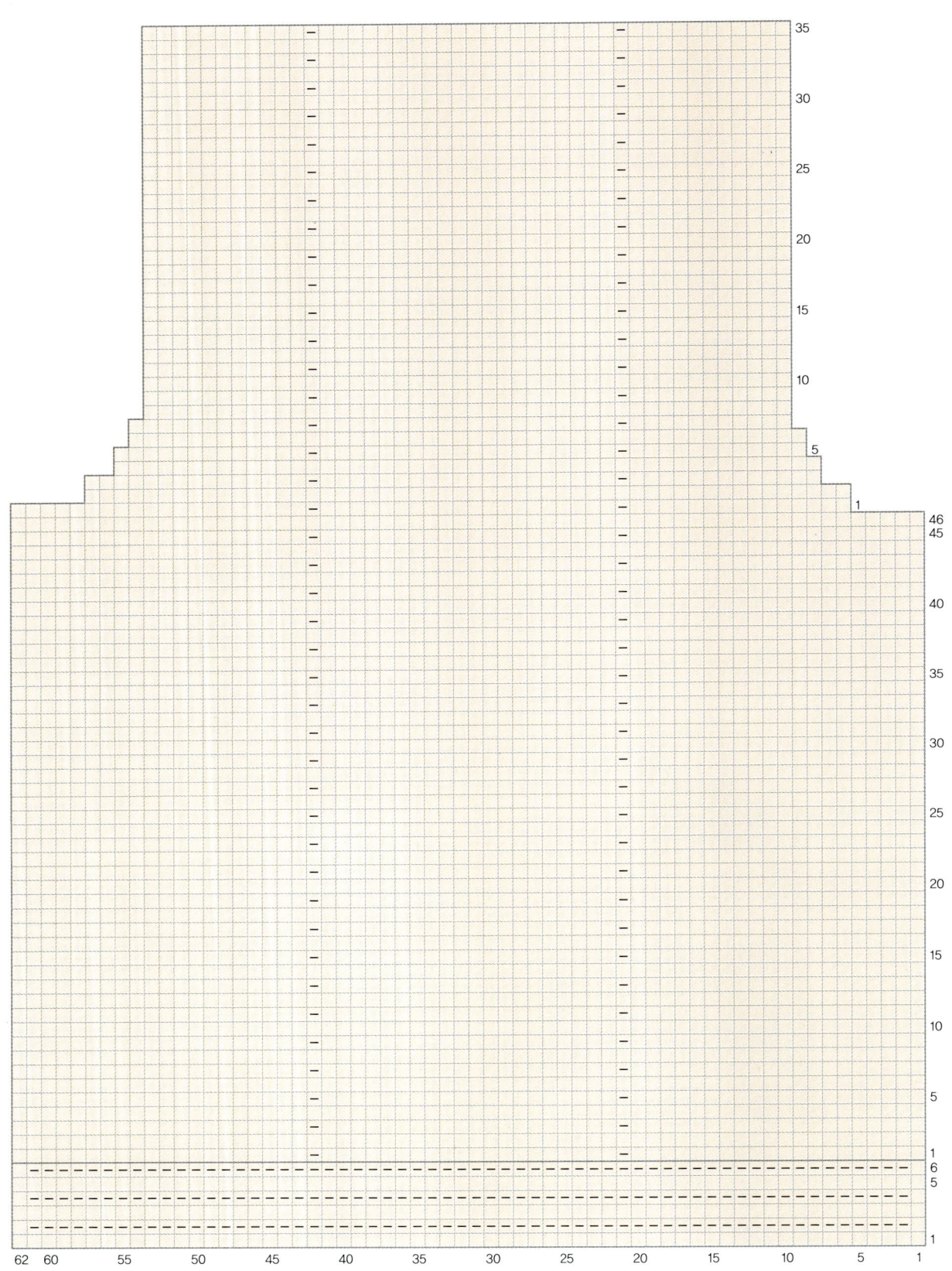

 앞 판

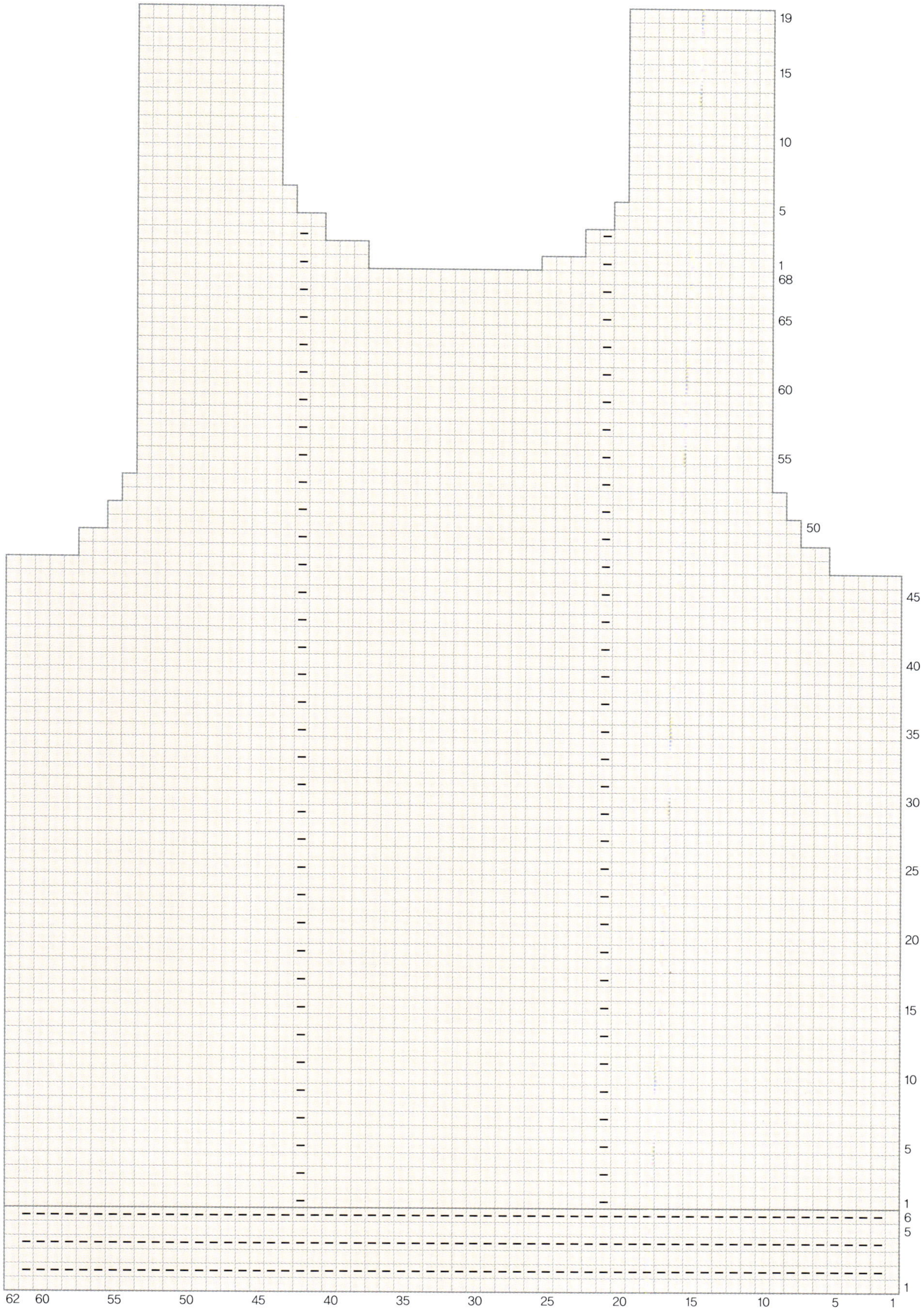

19

15

10

5

1
68

65

60

55

50

45

40

35

30

25

20

15

10

5

1
6
5

1

62 60   55   50   45   40   35   30   25   20   15   10   5   1

32
30

25

20

15

10

5

1
6
5

1

48　　45　　　40　　　35　　　30　　　25　　　20　　　15　　　10　　　5　　　1

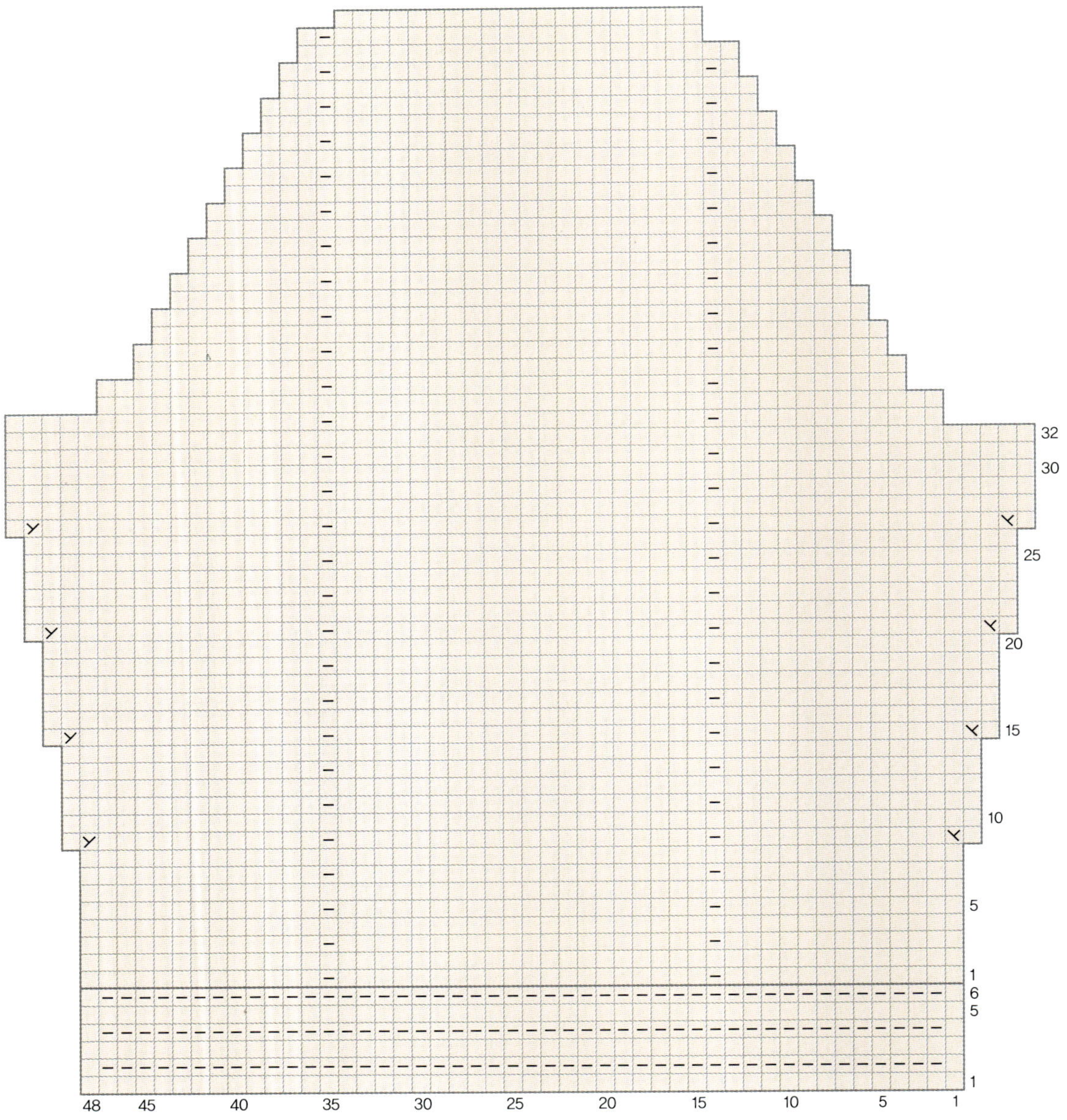

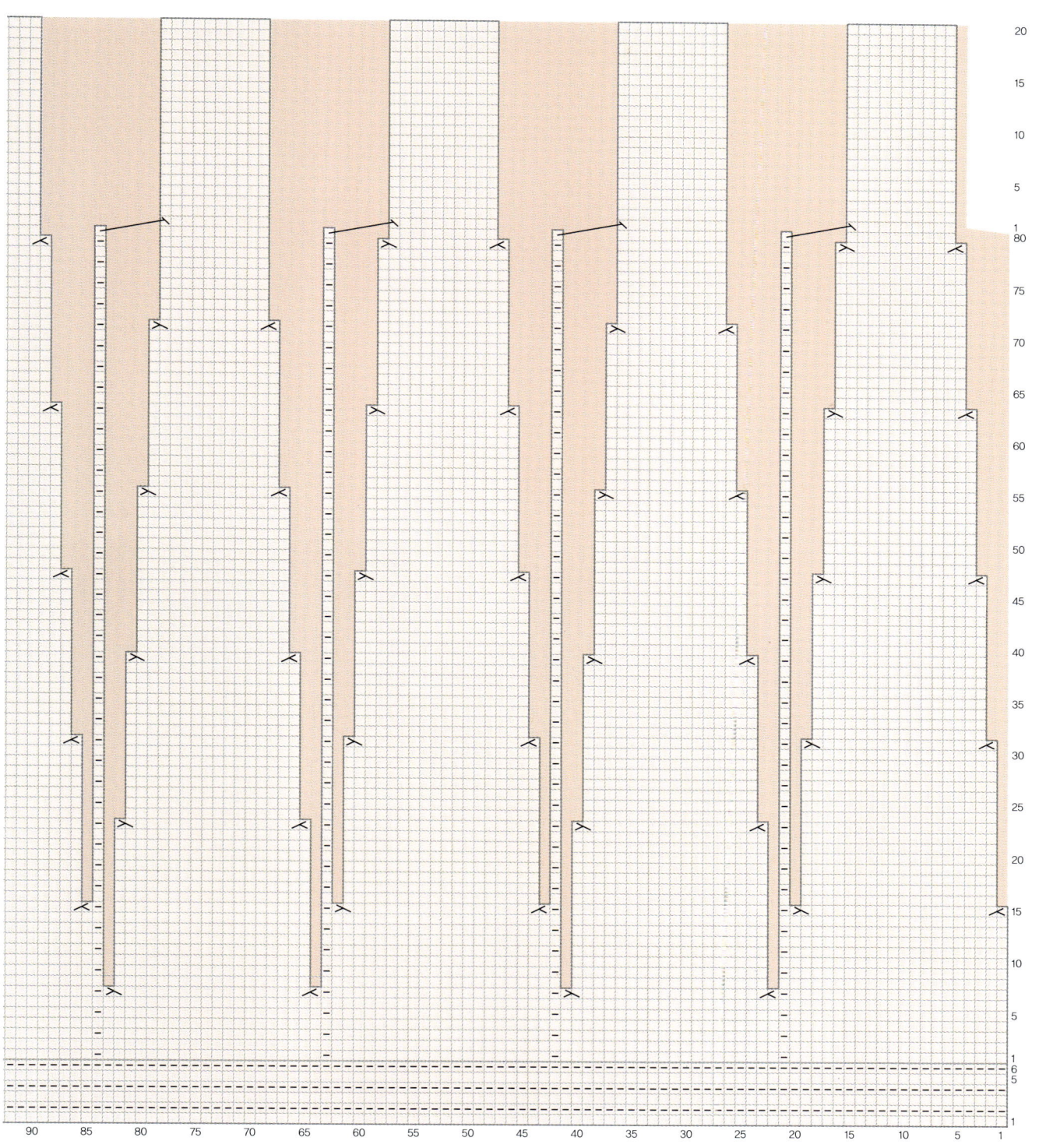

3

knit for baby & kids

남자 어린이 재킷

1. 칼라는 멍석뜨기한 후 가장자리만 1코 고무뜨기로 뜬다.
2. 밑단과 앞중심단은 1코 고무뜨기로 뜬다.
3. 소매 밑단은 1코 고무뜨기로 뜬다.
4. 주머니 손뜨개 부분

남자 어린이 재킷

완성 치수
5~6세

재료와 도구
실 Lumen사(그린-카키 나염)
바늘 3.5mm 줄바늘, 6mm 줄바늘, 돗바늘
부속품 단추 4개

 뜨는 방법

【뒤판】

1. 3.5mm 줄바늘을 이용해 흔들코 69코를 만들어 1코 고무뜨기 20단을 뜬 다음, 6mm 줄바늘로 바꿔 멍석뜨기 50단을 떠준 뒤 소매둘레를 만든다.

2. 소매둘레는 양옆 가장자리를 각각 5코 막음한 뒤 2단마다 2코, 1코-2회 순으로 줄여 51코를 33단 더 뜨고 마무리한다.

【앞판】

1. 3.5mm 줄바늘을 이용해 흔들코 37코를 만들어 1코 고무뜨기 20단을 뜨고, 6mm 줄바늘로 바꾸어 1코를 늘려 준다.

2. 오른쪽 앞판은 멍석뜨기(12코), 무늬뜨기 A(16코), 멍석뜨기(10코) 순으로 배치하고, 왼쪽 앞단은 멍석뜨기(10코), 무늬뜨기 A(16코), 멍석뜨기(12코) 순으로 배치하고, 26단 무늬뜨기한 후 주머니 입구를 만든다.

3. 주머니 입구는 무늬뜨기 A(16코)를 1코 고무뜨기로 4단 뜬 후 돗바늘로 마무리하고, 몸판 무늬뜨기 A 시작 부분 안쪽에서 16코를 주어 메리야스 30단을 떠서 몸판과 연결해 준다.

4. 주머니 부분부터 20단 더 뜨고, 소매둘레와 앞칼라를 만든다.

5. 소매둘레는 멍석뜨기(10코) 부분에서 5코 막음한 뒤 2단마다 2코, 1코-2회 순으로 줄여주고 33단을 더 뜬다.

6. 칼라는 소매둘레 만들기와 동시에 하는데 앞중심 쪽으로 2단마다 2코-2회, 1코-2회씩 늘려주고 앞중심 20코는 20단을 더 뜬다.

7. 오른쪽, 왼쪽 앞판이 다 만들어지면 어깨코 15코는 뒤판 어깨에 붙이고, 칼라코 20코는 돗바늘로 칼라코끼리 붙이고 칼라단 40단은 뒷목둘레코에 붙여 준다.

8. 옆솔기는 돗바늘로 붙인다.

9. 3.5mm 줄바늘로 앞중심단 247코를 주어 1코 고무뜨기로 8단을 뜨는데 왼쪽 앞중심단에는 단춧구멍을 4개 만든다. 16코마다 구멍을 내 주고, 마무리는 돗바늘로 한다.

【소매】

① 3.5mm 줄바늘을 이용해 흔들코 41코를 1코 고무뜨기로 16단 뜨고, 6mm 줄바늘로 멍석뜨기한다.

② 8단마다 양옆 가장자리에서 각 1코 늘리기 6회하며 56단 뜬 뒤 소매산을 만든다.

③ 소매산은 양옆 가장자리를 각각 4코 막음한 뒤 2단마다 2코, 1코-8회, 2코 순으로 줄이고 막음코로 마무리한다.

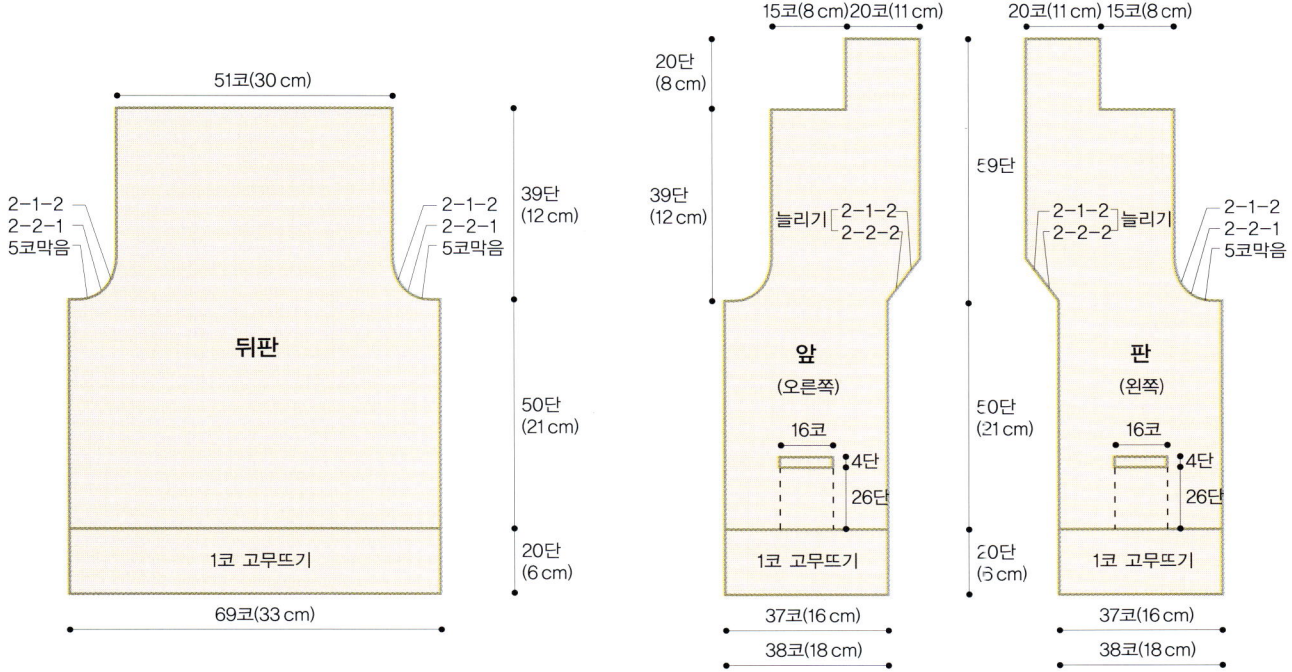

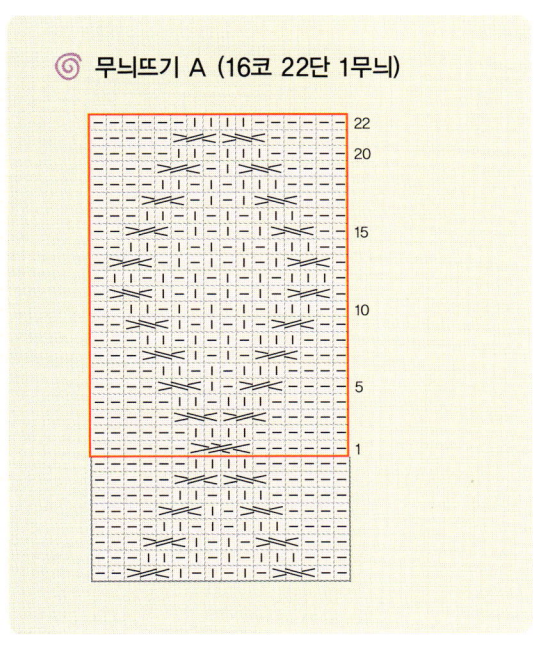

무늬뜨기 A (16코 22단 1무늬)

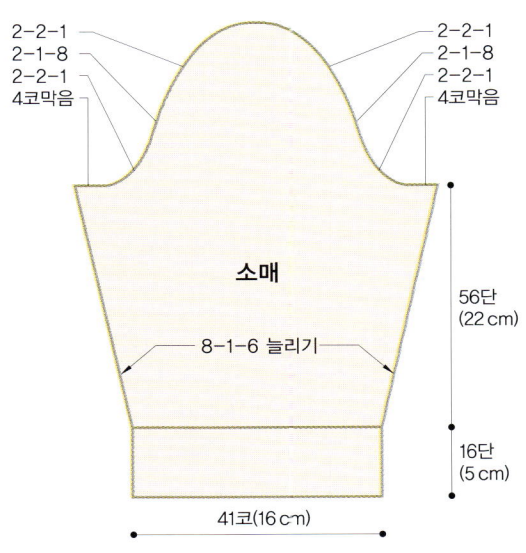

뒤 판

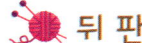

39
35
30
25
20
15
10
5
1
50
45
40
35
30
25
20
15
10
5
1
19
15
10
5
1
69 65 60 55 50 45 40 35 30 25 20 15 10 5 1

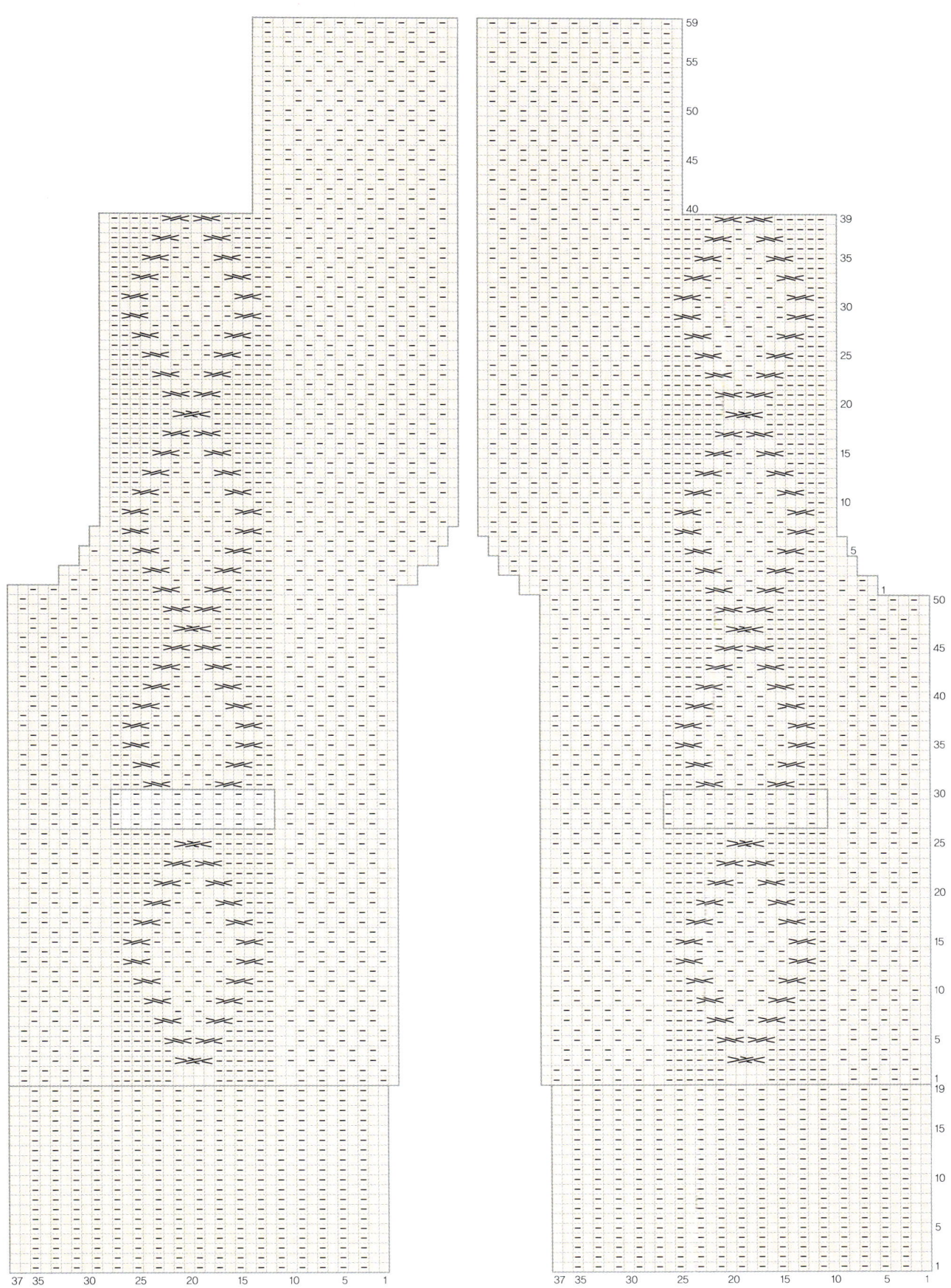

소 매

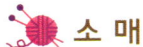

56
55
50
45
40
35
30
25
20
15
10
5
1
15
10
5
1
41 40
35
30
25
20
15
10
5
1

knit for baby & kids

4

knit for baby & kids

풀색 후드 점퍼

1. 모자 손뜨개 부분
2. 밑단은 2코 고무뜨기로 뜬다.
3. 앞중심단은 되돌아짧은뜨기로 하고 지퍼를 단다.
4. 소매단은 2코 고무뜨기로 뜬다.

풀색 후드 점퍼

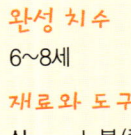

완성 치수
6~8세

재료와 도구
실　노블(풀색)
바늘　4.5~5mm 줄바늘, 돗바늘, 코바늘 6호, 3.5mm 줄바늘
부속품　지퍼 1개

 뜨는 방법

【뒤판】

❶ 3.5mm 줄바늘을 이용해 흔들코 78코를 만들어 2코 고무뜨기로 18단을 뜨고, 4.5mm(5mm) 줄바늘로 바꾸어 83코가 되게 늘린다.

❷ 무늬뜨기 A를 60단 뜨고, 소매둘레를 만드는데 양옆 가장자리를 각 5코 막음한 뒤 2단마다 3코, 2코, 1코 순으로 줄여 61코가 되게 하여 35단 더 뜬 다음 마친다.

【앞판】

❶ 3.5mm 줄바늘을 이용해 흔들코 45코를 만들어 2코 고무뜨기로 18단을 뜨는데, 앞중심 지퍼 달 곳은 무늬뜨기 B로 뜬다.

❷ ❶번이 끝나면 4.5mm(5mm) 줄바늘로 바꾸어 60단을 무늬뜨기한 뒤 소매둘레를 만드는데 먼저 5코 막음한 뒤 2단마다 3코, 2코, 1코 순으로 줄여 34코가 되게 하여 35단 더 뜨고 어깨코 13코를 뒤판 어깨코에 마주 붙인다.

❸ 옆솔기는 돗바늘로 붙이고, 4.5mm(5mm) 줄바늘로 목둘레코 79코를 주어 무늬뜨기 A로 56단 뜨고 중심에 1코를 줄인다. 39코씩 나누어 모자 중심뜨기로 하는데 가운데 중심으로 각각 8단마다 1코 줄이기 1회, 2단마다 1코 줄이기 2회, 2단마다 2코 줄이기 1회, 평 1단 뜬 다음, 돗바늘로 이어준다.

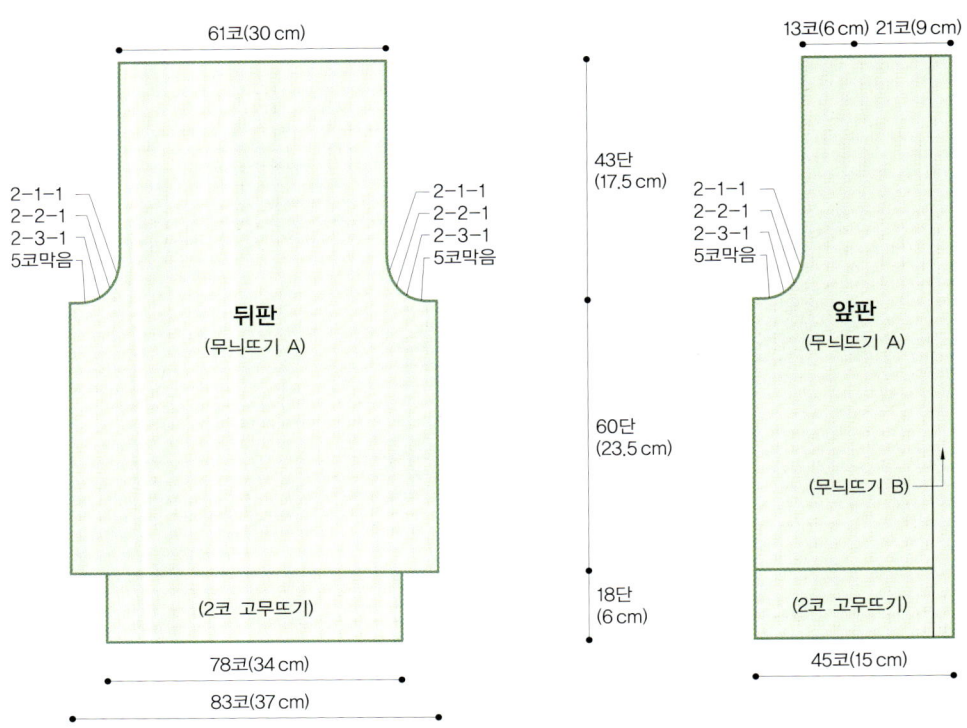

【소매】

① 3.5mm 줄바늘로 흔들코 41코를 만들어 2코 고무뜨기로 18단 뜨고, 4.5mm(5mm) 줄바늘로 바꾸어 54코가 되게 늘려준다.

② 소매는 무늬뜨기 A를 64단 뜨는 동안 8단마다 양옆 가장자리에서 각 1코씩 7회 늘리기를 한다.

③ ②번까지 끝나면 소매산을 만드는데 먼저 5코를 막음한 후 2단마다 2코, 1코─8회, 2코 순으로 줄인다음 막음코로 마무리한다.

④ 소매를 똑같이 한 장 더 떠서 옆솔기는 돗바늘로 붙인 후 몸판에 달아준다. 앞 중심단은 코바늘 6호로 되돌아짧은뜨기로 장식한 후 지퍼를 달아 마무리한다.

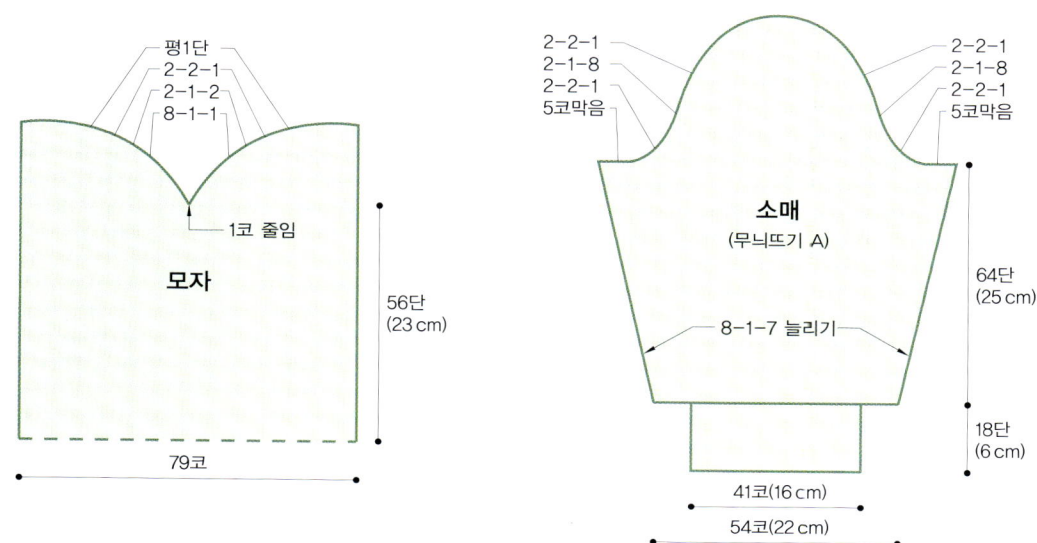

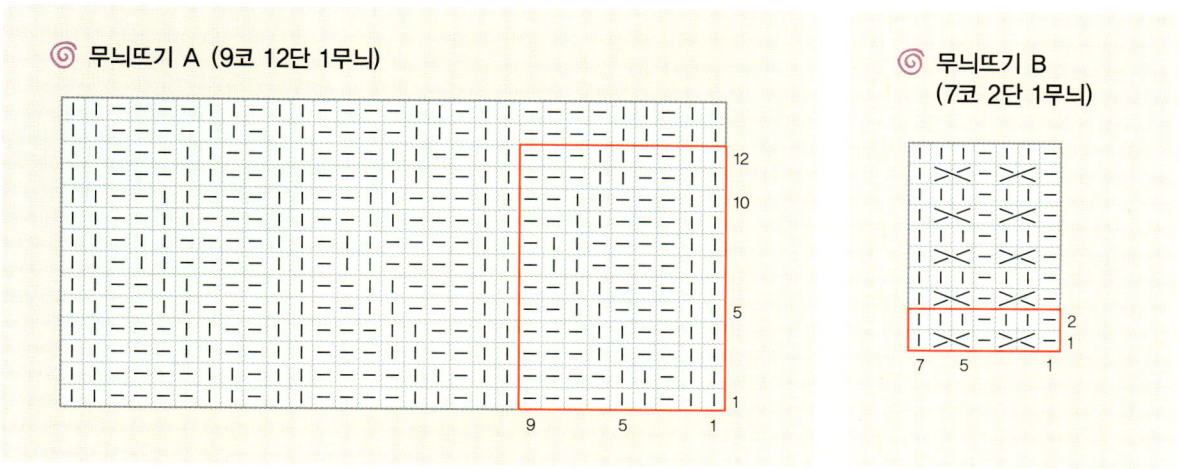

64
60
55
50
45
40
35
30
25
20
15
10
5
1

54   50   45   40   36   29   25   20   16   9   18 5   1

15
10
5
1

41 40   35   30   25   20   15   10   5   1

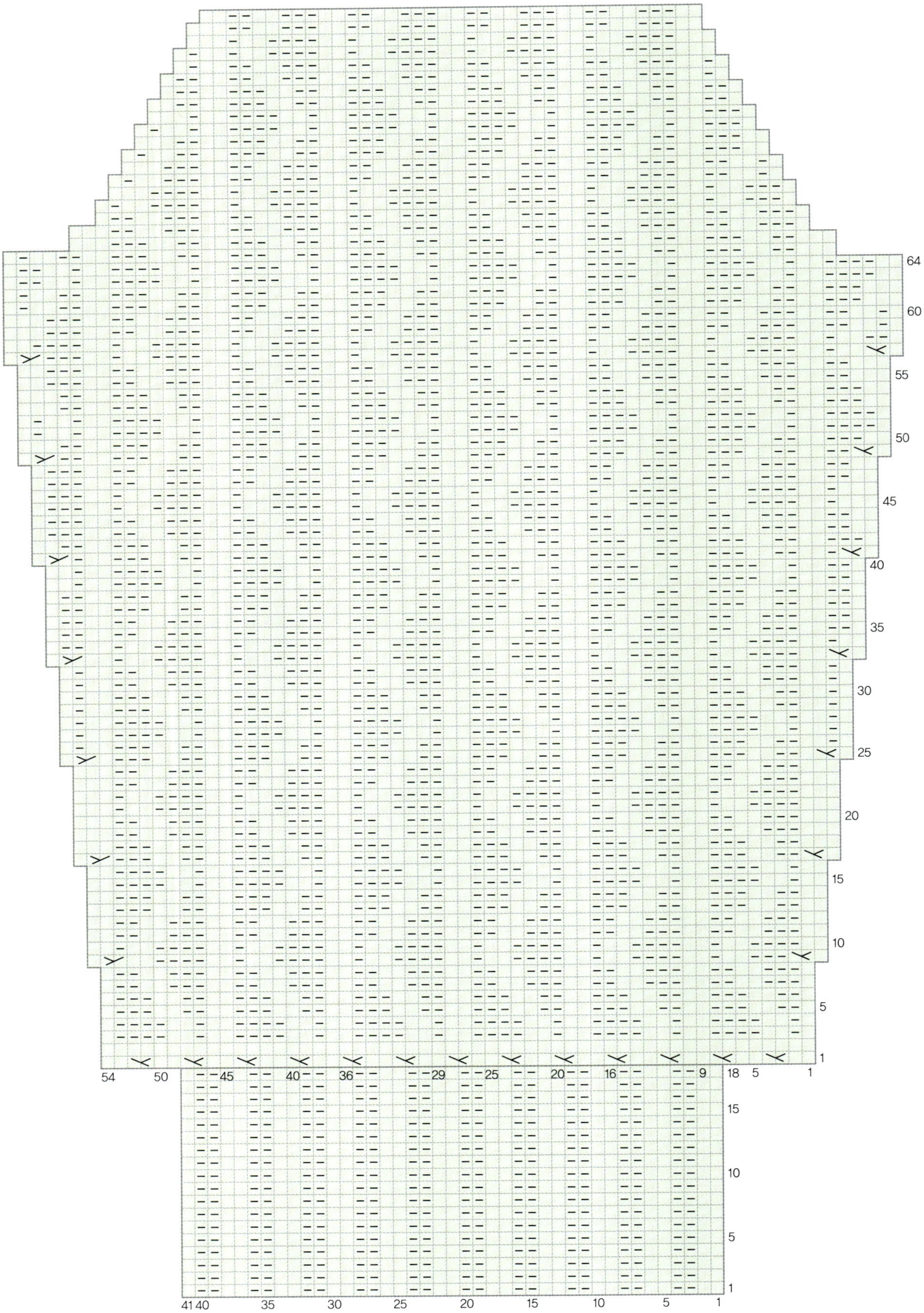

Knit

knit for baby & kids

밝고 명랑한 아이를
위한 손뜨개

1 knitting

어린이 체리핑크 슈트 & 가방

1. 라운드 넥은 짧은뜨기 후 되돌아짧은뜨기로 장식한다.
2. 슈트의 허리 부분에 끈을 떠서 끼워 넣어 리본으로 묶는다.
3. 치마 밑단 무늬뜨기
4. 가방 무늬뜨기

어린이 체리핑크 슈트 & 가방

완성 치수
8~10세

재료와 도구

실	오로라(체리핑크)
바늘	코바늘 3호, 코바늘 4호
부속품	가방 안감, 스냅

 ## 뜨는 방법

【슈트】

1. 오로라사와 코바늘 3호로 사슬 180코를 만든다. 무늬뜨기 A 20무늬로 시작해 원통뜨기 18단을 뜬 뒤 앞·뒤판으로 나눈다. 소매둘레는 도안 1을 참고로 만든다.

2. 뒤목둘레는 전체 단수 29단째 만드는데 도안 1을 참고한다.

3. 앞목둘레는 전체 단수 25단째 만드는데 도안 2를 참고한다.

4. 슈트의 밑단은 처음 시작했던 사슬코에서 무늬뜨기 B 12무늬를 만들어 원통뜨기한다.

5. 벨트는 오로라사 4올을 잡고 코바늘 4호로 새우뜨기를 뜬다. 허리에 둘러 묶을 수 있을 정도로 넉넉히 뜬다.

6. 목단은 125코를 짧은뜨기로 2단 뜬 뒤 되돌아짧은뜨기로 장식하고, 소매단은 85코를 짧은뜨기로 1단 뜬 뒤 되돌아짧은뜨기로 장식하고 마무리한다.

【가방】

1. 가방은 모티프(무늬뜨기 C) 2장을 떠서 옆솔기를 붙여준 뒤 가방 입구 부분을 사슬뜨기 5단을 뜬 뒤 무늬뜨기 D로 장식 마무리한다.

2. 가방끈은 오로라사 4올을 잡고 코바늘 4호로 75cm 정도 새우뜨기를 떠서 가방 옆솔기쪽에 붙여준다.

3. 가방 장식끈은 오로라사 2올을 잡고 코바늘 3호로 70cm 정도 새우뜨기를 떠서 사슬뜨기했던 부분에 꿰어 장식 리본을 묶는다.

🌀 무늬뜨기 A (9코 2단 1무늬)

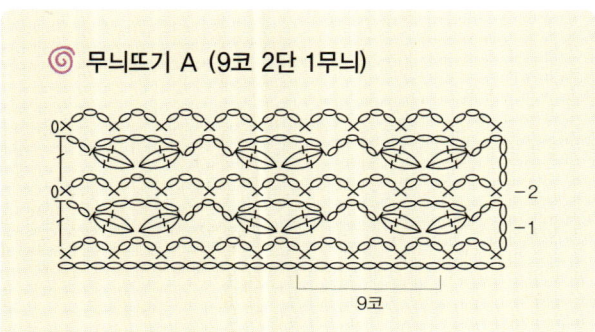

🌀 무늬뜨기 D (3단 1무늬)

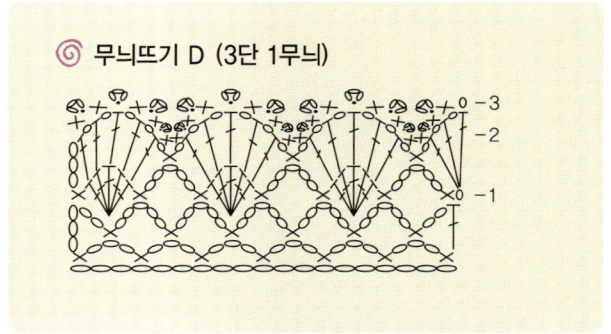

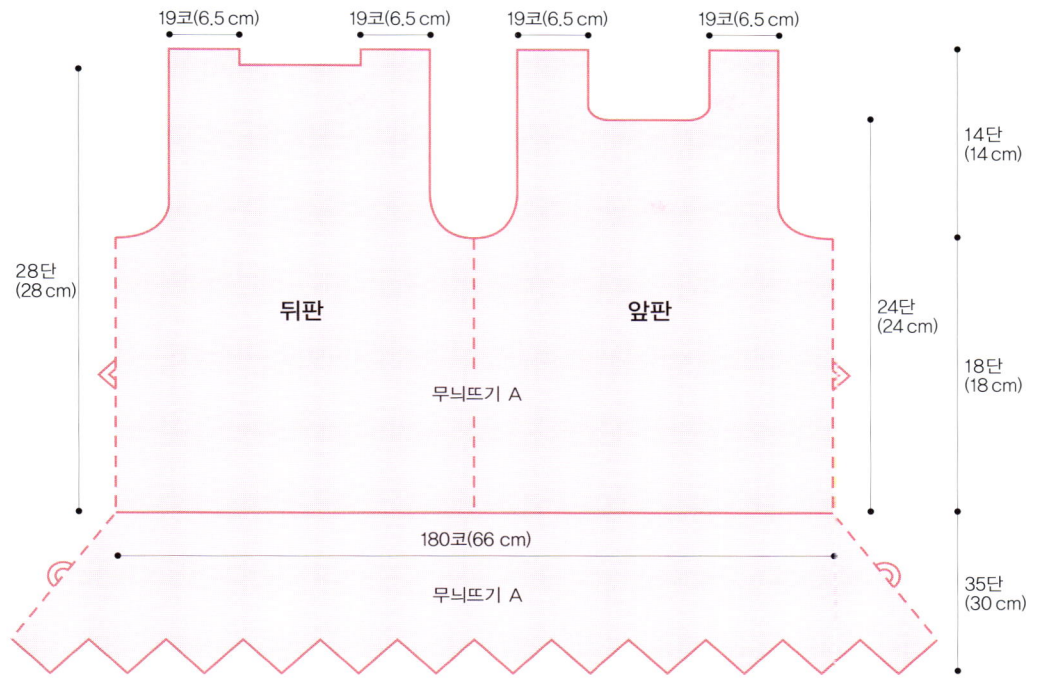

19코(6.5 cm)　　19코(6.5 cm)　　19코(6.5 cm)　　19코(6.5 cm)

14단
(14 cm)

28단
(28 cm)

뒤판　　　　　앞판

24단
(24 cm)

무늬뜨기 A

18단
(18 cm)

180코(66 cm)

무늬뜨기 A

35단
(30 cm)

🌀 무늬뜨기 C (모티프)

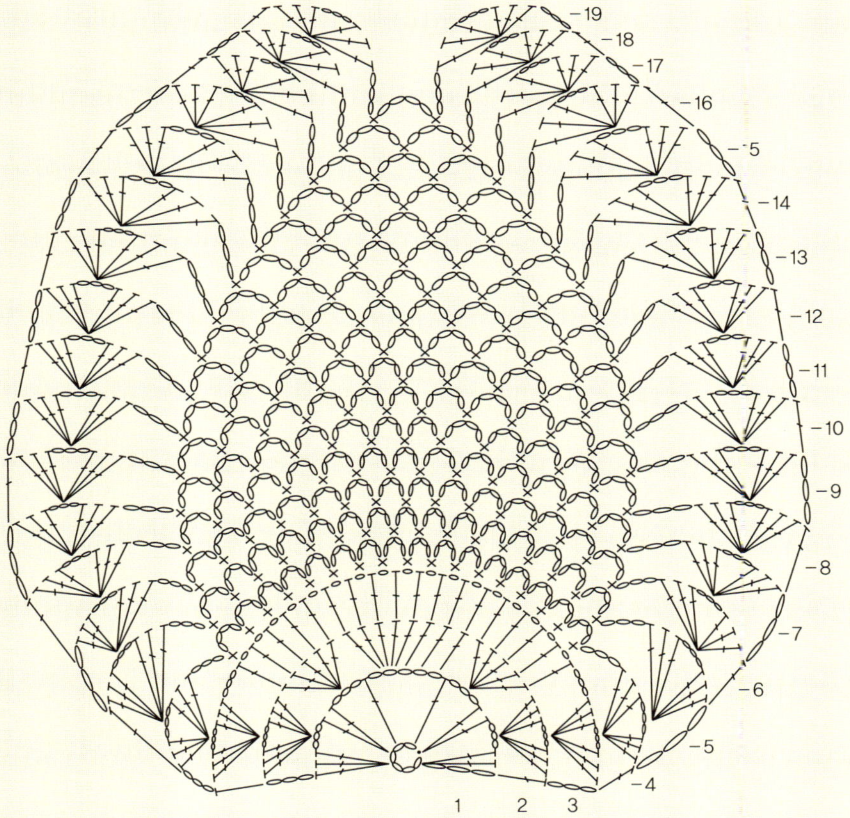

　-19
　-18
　-17
　-16
　-5
　-14
　-13
　-12
　-11
　-10
　-9
　-8
　-7
　-6
　-5
　-4

1　2　3

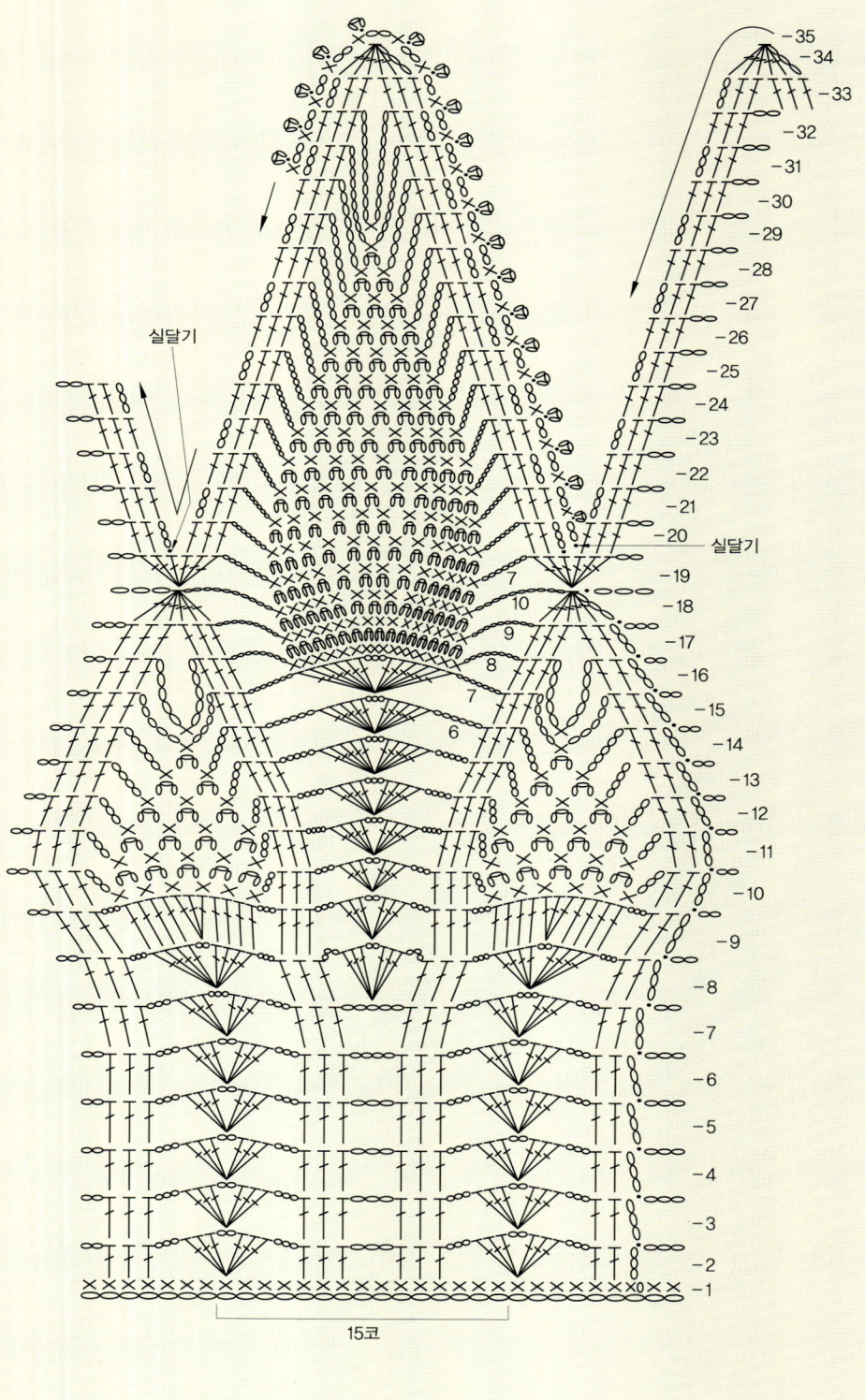

실달기

실달기

* 35단은 피코뜨기로 한단 장식뜨기한다.

15코

46

뒷목둘레

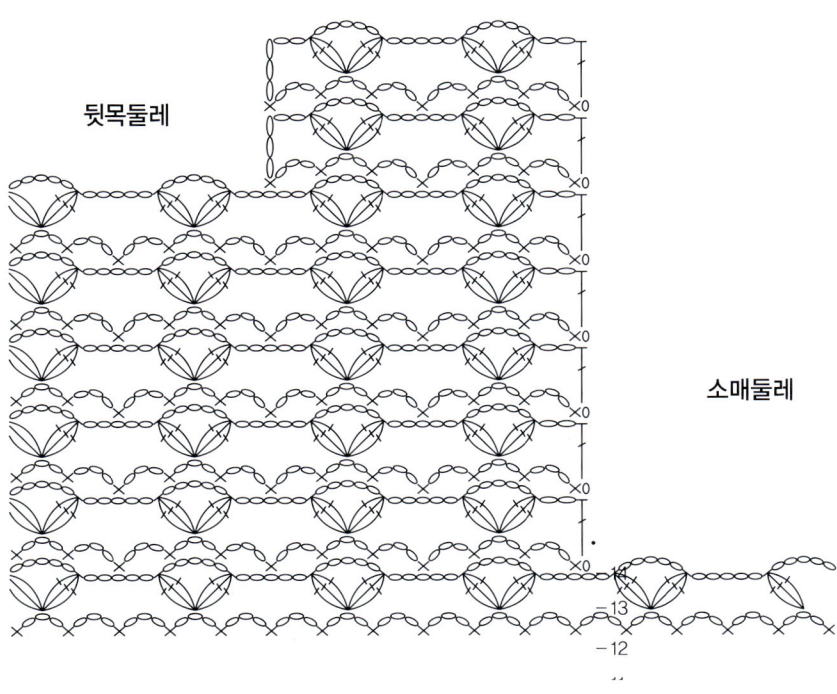

소매둘레

−13
−12

도안 2

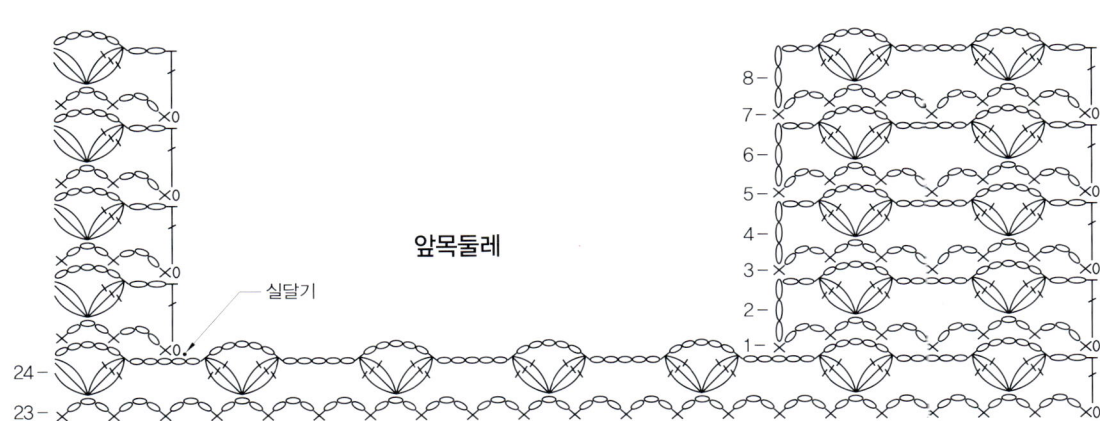

뒷목둘레

앞목둘레

실달기

24−
23−

2 knitting

어린이 흰색 투피스

1. 라운드 넥은 버킹검사로 떠서 장식한다.
2. 소매 끝단도 버킹검사로 떠서 장식한다.
3. 치마 허리에 고무밸트를 넣어준다.
4. 치마 밑단도 버킹검사로 떠서 장식한다.

어린이 흰색 투피스

완성 치수

9~11세

재료와 도구

실	버킹검사 2올(흰색), 실프울 1올(흰색)
바늘	4mm 줄바늘, 3.5mm 줄바늘, 돗바늘
부속품	고무밸트

 뜨는 방법

【뒤판】

❶ 3.5mm 줄바늘과 버킹검사 2올을 흔들코 172코를 만들어 멍석뜨기 10단을 뜬다.

❷ 4mm 줄바늘과 실프울로 바꾸며 무늬뜨기를 하는데 8단마다 양옆 가장자리에서 1코씩 줄이기 12회하며 98단 무늬뜨기한다.

❸ 99단째부터 소매둘레를 만드는데 8코 막음한 뒤 2단마다 4코, 3코, 2코, 1코 순으로 줄인다.

❹ 뒷목둘레는 무늬뜨기 단수 150단이 되면 양 어깨코 각각 25코만을 7단 더 뜨고 마친다.

【앞판】

❶ 뒤판 ❶, ❷, ❸까지 똑같이 뜬다.

❷ 앞목둘레는 무늬뜨기 단수 128단이 되면 가운데 42코를 막음하고 가운데를 중심으로 양옆은 2단마다 4코, 3코, 2코, 1코 순으로 줄여 양 어깨코가 각각 25코가 되게 하여 완성 단수 157단까지 뜨고 뒤판 어깨와 마주 붙이고 양옆솔기도 돗바늘로 붙인다.

【소매】

❶ 3.5mm 줄바늘과 버킹검사 2올을 흔들코 102코를 만들어 멍석뜨기 10단을 뜬다.

❷ 4mm 줄바늘과 실프울로 바꾸며 무늬뜨기를 하는데 8단마다 양옆 가장자리에서 1코씩 늘리기 12회하며 96단 무늬뜨기한다.

❸ 97단째부터 소매산을 만드는데 양옆으로 각각 6코 막음한 뒤 2단마다 3코, 2코, 1코-11회, 2코, 3코 순으로 줄이고 남는 코는 막음코로 마무리한다.

❹ 똑같은 방법으로 소매 한 장을 더 뜨고 돗바늘로 옆솔기를 붙인 뒤 몸판에 붙인다.

【목단】

❶ 목둘레는 3.5mm 줄바늘과 버킹검사 2올로 92코를 주어 멍석뜨기 10단을 뜨고 돗바늘로 마친다.

【치마】

❶ 3.5mm 줄바늘과 버킹검사 2올로 400코를 만들어 멍석뜨기하는데 치마는 원통뜨기로 한다.

❷ 멍석뜨기 10단을 하고 나면 4mm 줄바늘과 실프울로 바꿔 무늬뜨기를 하는데 27단까지 평뜨기, 28단에는 무늬뜨기 A에서 안뜨기 2코씩 줄여 전체 16코를 줄이고 96단까지 무늬뜨기를 한다.

❸ 허리단은 384코를 반으로 줄여 192코가 되게 하고 메리야스 뜨기 18단 뜬 후 고무밸트를 넣고 반으로 접어 감친다.

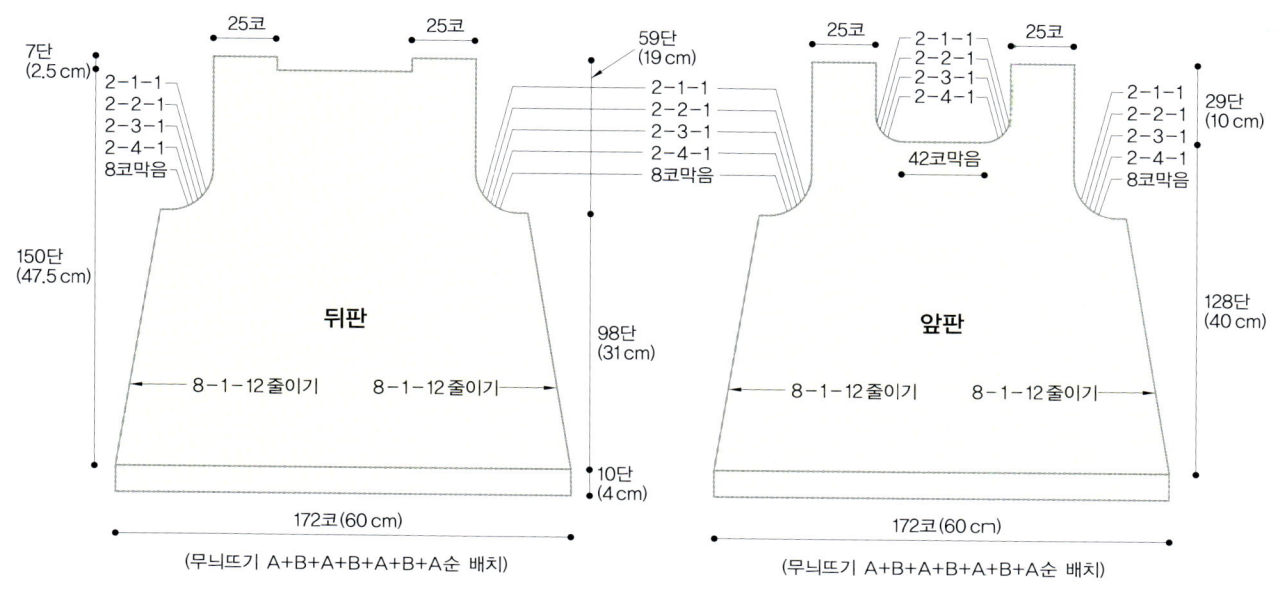

7단
(2.5 cm)

25코   25코

2-1-1
2-2-1
2-3-1
2-4-1
8코막음

59단
(19 cm)

2-1-1
2-2-1
2-3-1
8코막음

150단
(47.5 cm)

뒤판

8-1-12 줄이기   8-1-12 줄이기

98단
(31 cm)

10단
(4 cm)

172코(60 cm)

(무늬뜨기 A+B+A+B+A+B+A순 배치)

25코   25코

2-1-1
2-2-1
2-3-1
2-4-1

2-1-1
2-2-1
2-3-1
2-4-1
8코막음

29단
(10 cm)

42코막음

앞판

8-1-12 줄이기   8-1-12 줄이기

128단
(40 cm)

172코(60 cm)

(무늬뜨기 A+B+A+B+A+B+A순 배치)

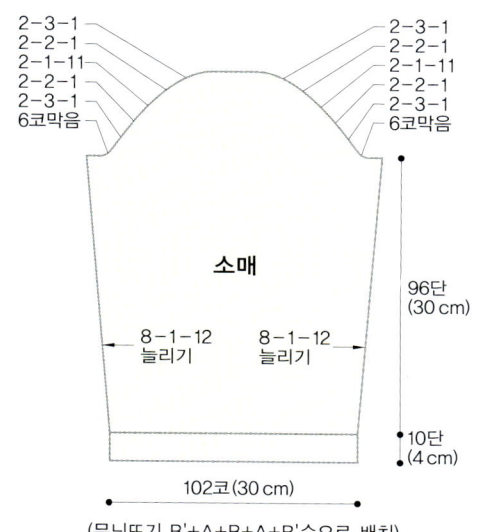

2-3-1
2-2-1
2-1-11
2-2-1
2-3-1
6코막음

2-3-1
2-2-1
2-1-11
2-2-1
2-3-1
6코막음

소매

8-1-12
늘리기   8-1-12
            늘리기

96단
(30 cm)

10단
(4 cm)

102코(30 cm)

(무늬뜨기 B'+A+B+A+B'순으로 배치)

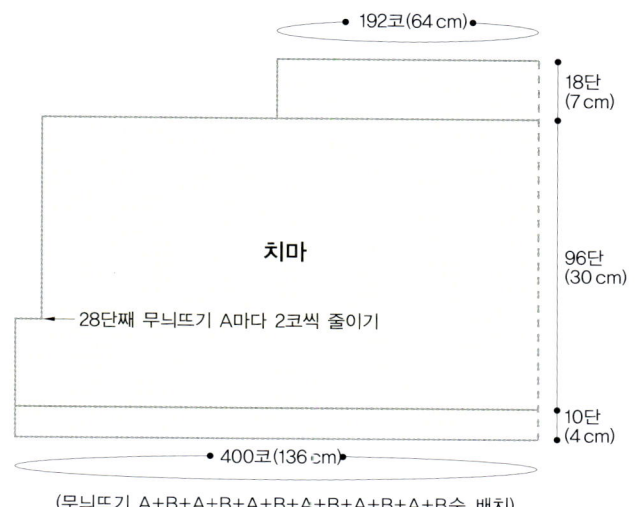

192코(64 cm)

18단
(7 cm)

치마

28단째 무늬뜨기 A마다 2코씩 줄이기

96단
(30 cm)

10단
(4 cm)

400코(136 cm)

(무늬뜨기 A+B+A+B+A+B+A+B+A+B순 배치)

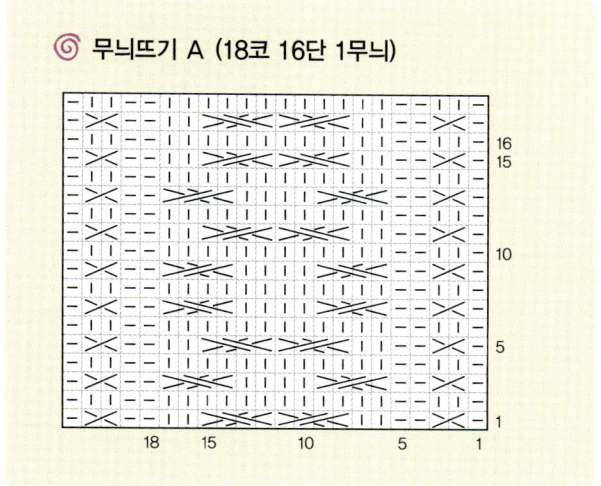

🌀 무늬뜨기 A (18코 16단 1무늬)

16
15

10

5

1

18   15   10   5   1

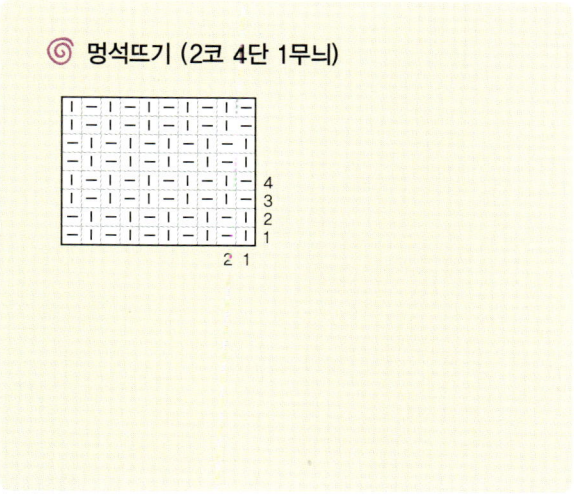

🌀 멍석뜨기 (2코 4단 1무늬)

4
3
2
1

2 1

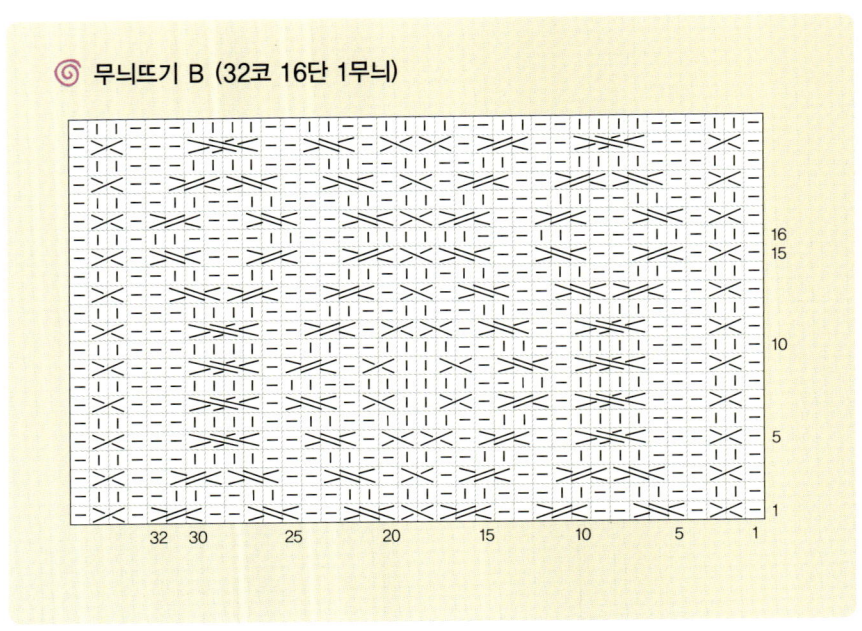

🌀 무늬뜨기 B (32코 16단 1무늬)

16
15

10

5

1

32 30   25   20   15   10   5   1

 앞 판

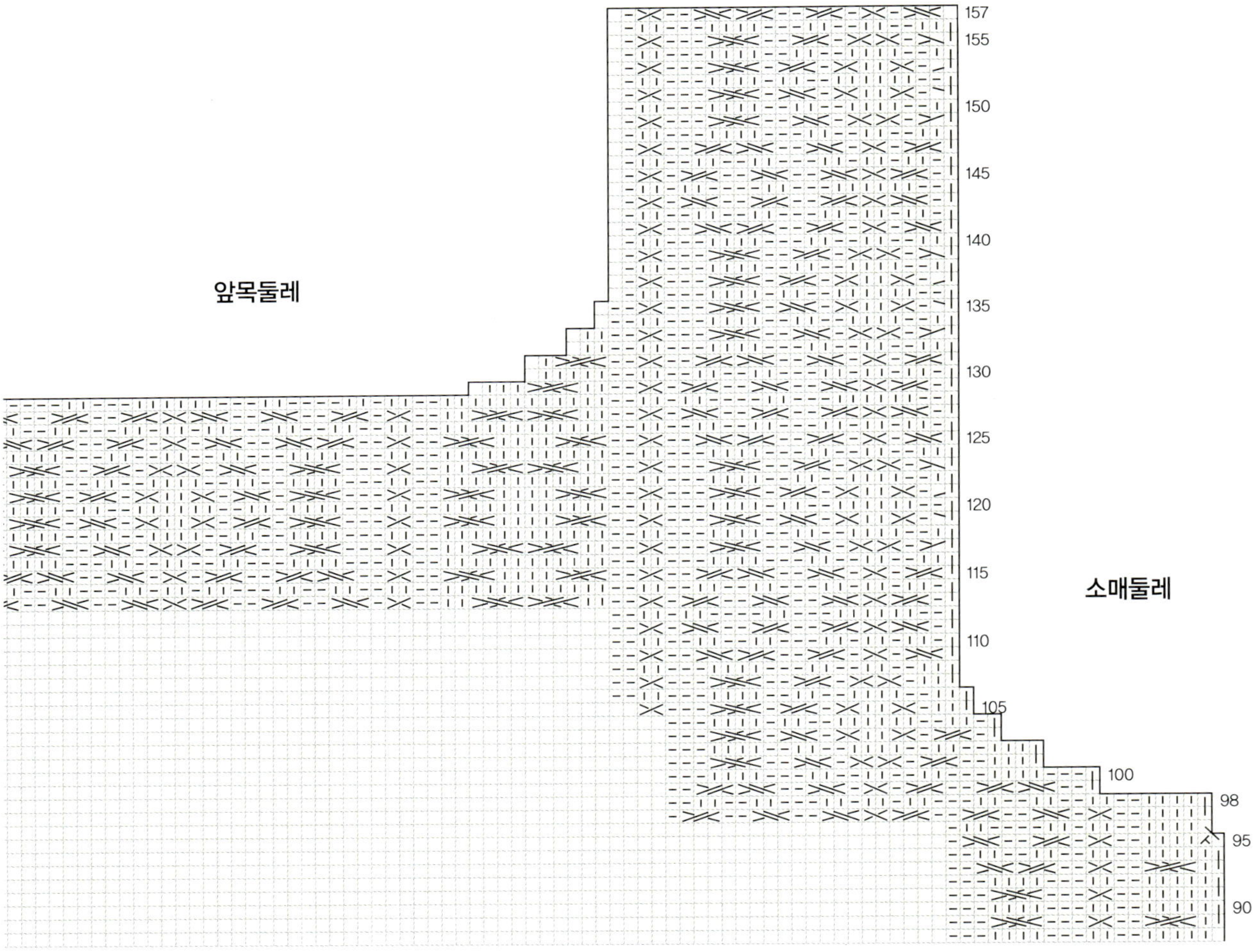

앞목둘레

소매둘레

157
155

150

145

140

135

130

125

120

115

110

105

100
98
95
90

뒤 판

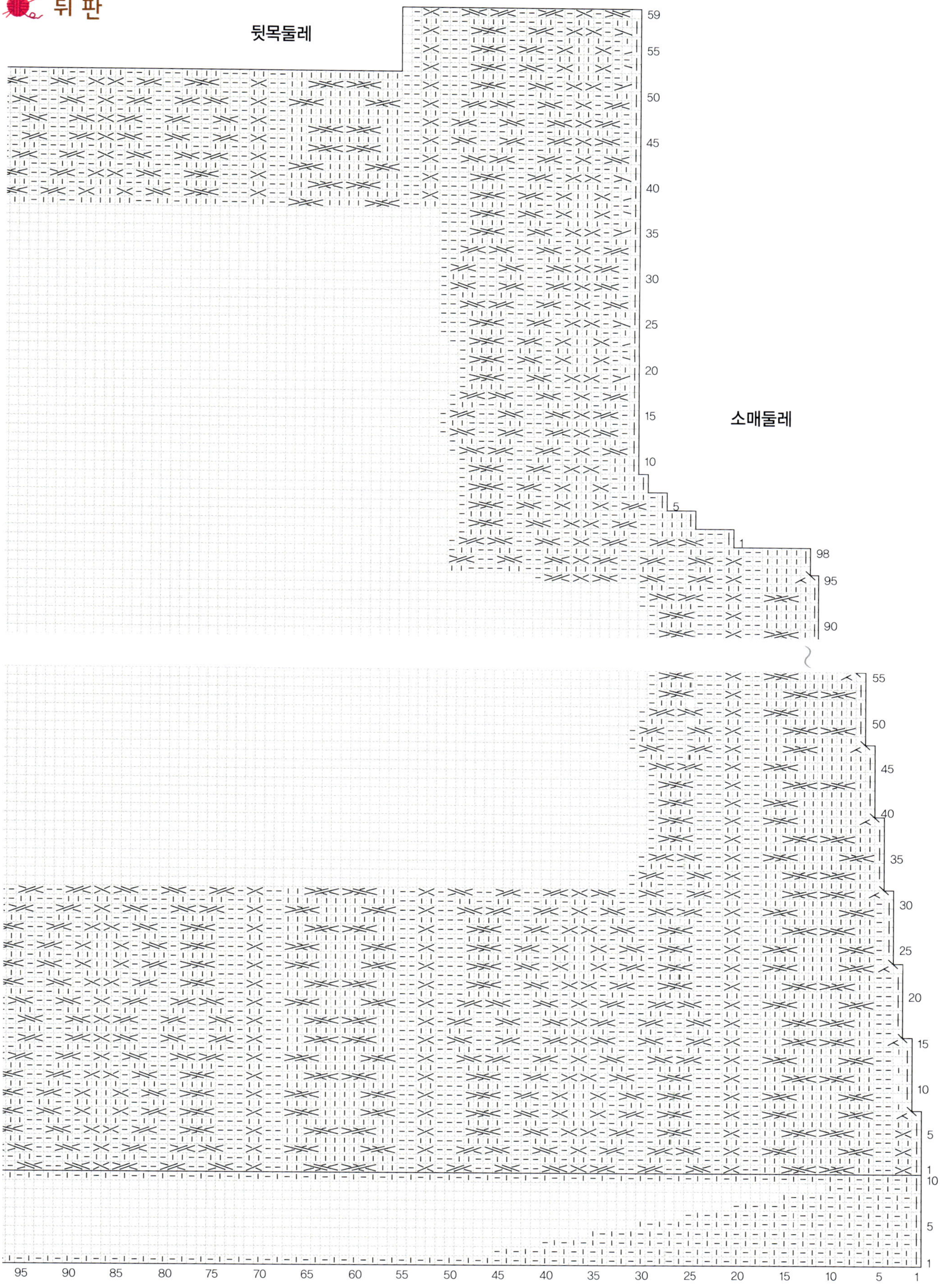

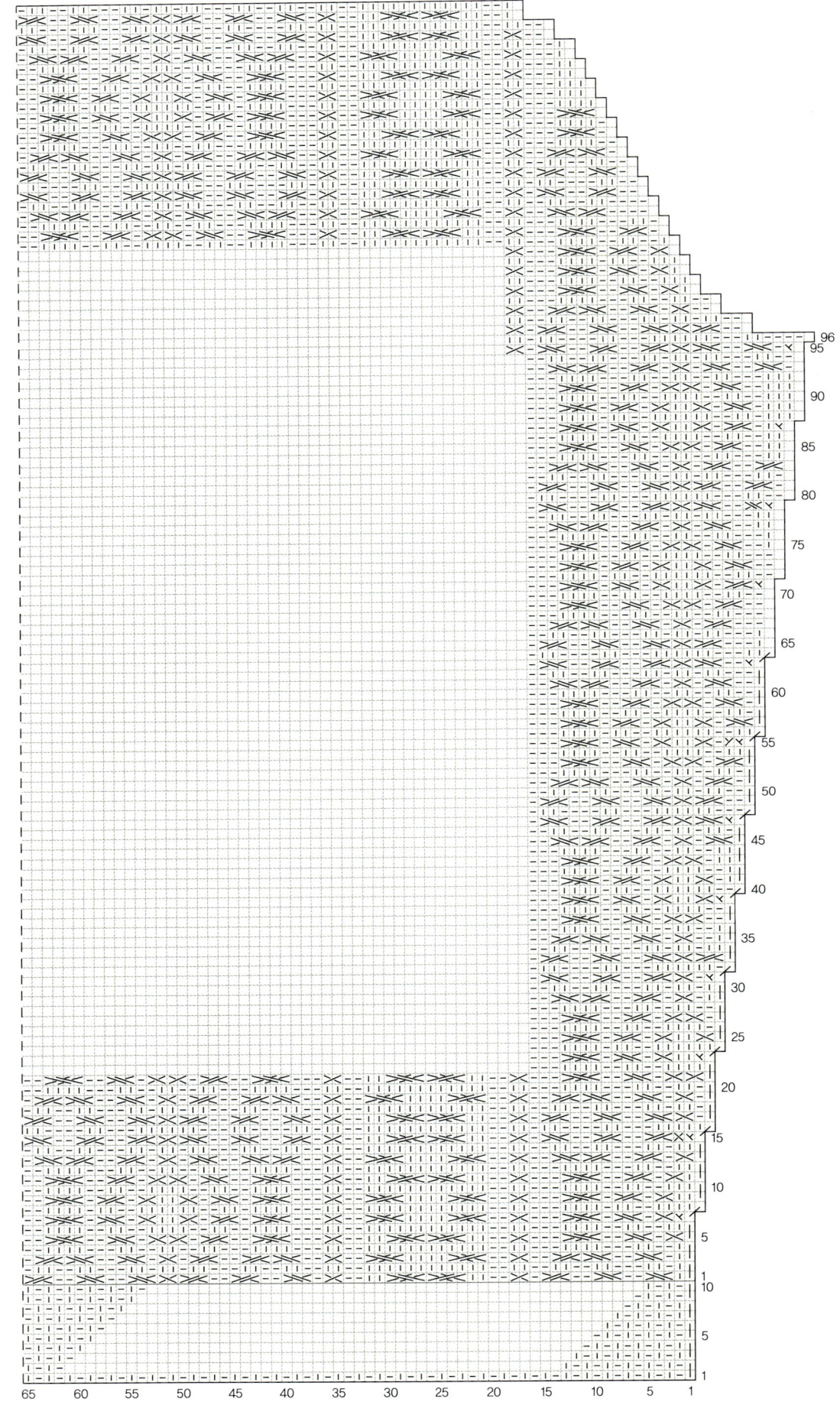

소 매

치마

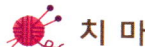

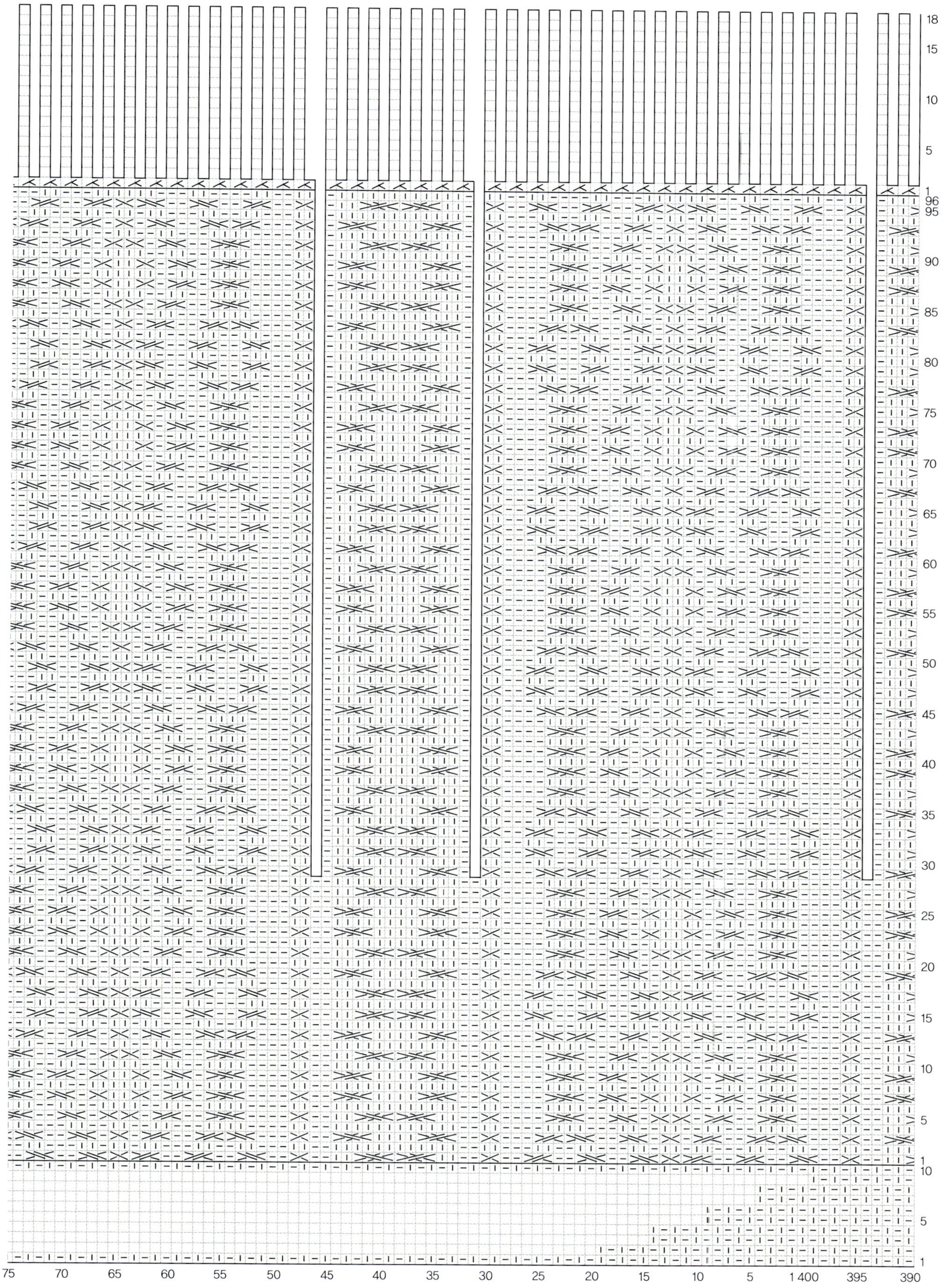
18
15
10
5
1
96
95
90
85
80
75
70
65
60
55
50
45
40
35
30
25
20
15
10
5
1
10
5
1
75 70 65 60 55 50 45 40 35 30 25 20 15 10 5 1 400 395 390

3

knit for baby & kids

겨자색 볼레로

1. 라운드 넥으로 만들고 밑단과 앞중심까지 연결해 원통으로 단뜨기를 한다.
2. 밑단은 곡선으로 부드러운 느낌을 준다.
3. 칼라를 접어 V넥으로 입기도 한다.
4. 소매 밑단 손뜨개 부분

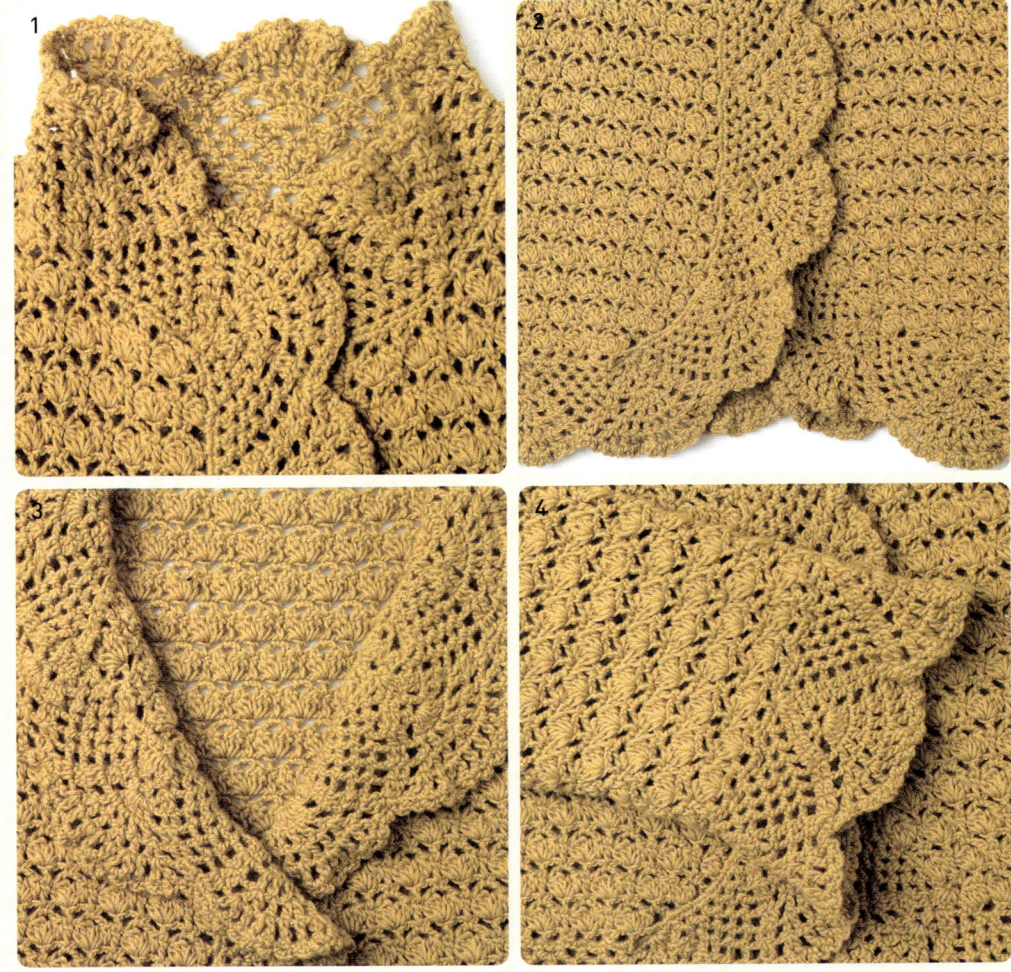

겨자색 볼레로

 뜨는 방법

① 사슬 175코를 만들어 무늬뜨기 A 29무늬로 시작하여 매단 가장자리는 도안 1처럼 늘려주어 곡선 처리한다.

② 15단을 뜨면 뒤판은 무늬뜨기 A 17무늬로, 앞판 양쪽은 8무늬씩 되게 나누어 도안 2처럼 소매둘레를 만든다.

③ 앞판은 도안 3을 참고하여 만들어 뒤판 어깨에 마주 붙이고, 무늬뜨기 B 22무늬를 오른쪽 앞판 밑단부터 시작하여 단뜨기한다.

④ 소매는 도안 4를 참고하여 뜨고, 소매 밑단은 무늬뜨기 B 4무늬를 뜬 다음, 완성된 소매를 몸통에 달아 완성한다.

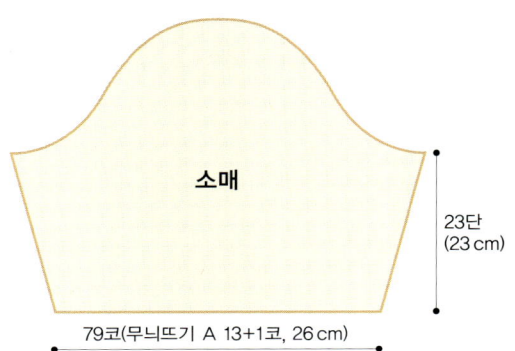

소매

23단
(23 cm)

79코(무늬뜨기 A 13+1코, 26 cm)

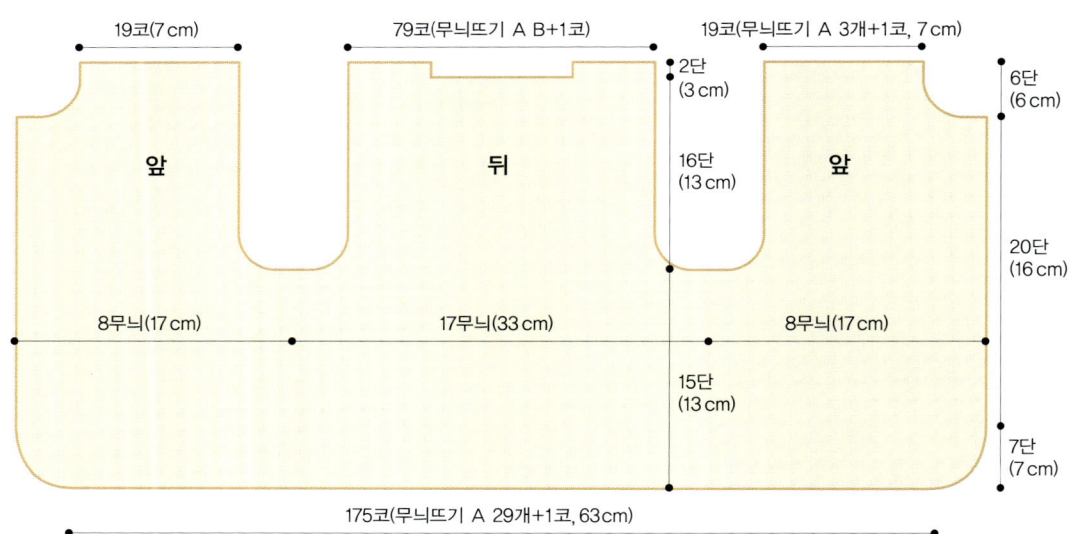

19코(7 cm)

79코(무늬뜨기 A B+1코)

19코(무늬뜨기 A 3개+1코, 7 cm)

앞

뒤

앞

2단
(3 cm)

16단
(13 cm)

6단
(6 cm)

20단
(16 cm)

8무늬(17 cm)

17무늬(33 cm)

8무늬(17 cm)

15단
(13 cm)

7단
(7 cm)

175코(무늬뜨기 A 29개+1코, 63 cm)

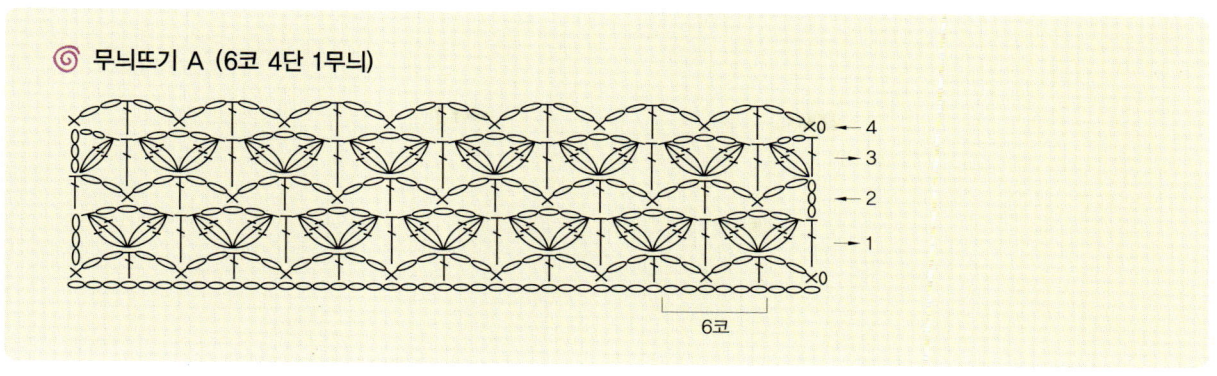

무늬뜨기 A (6코 4단 1무늬)

6코

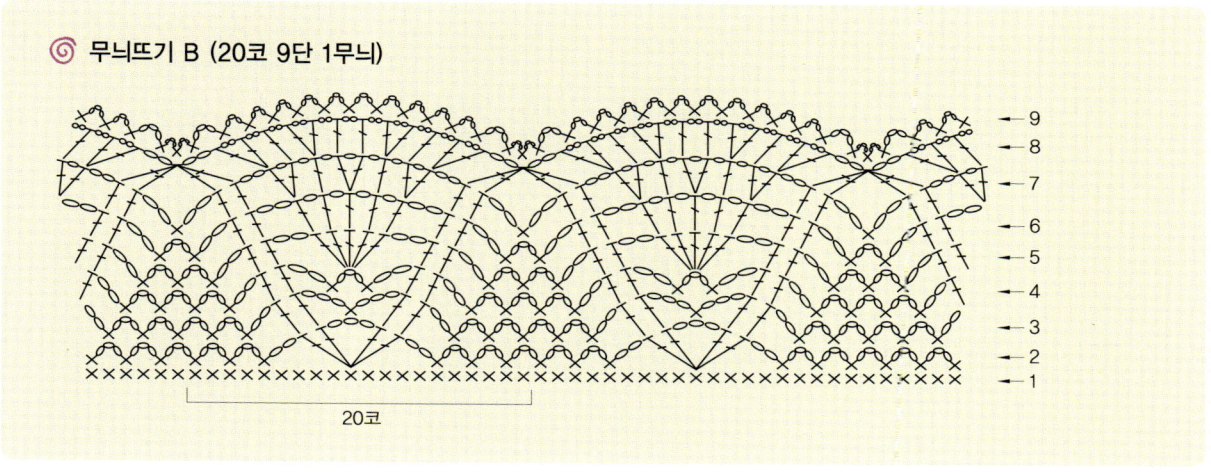

무늬뜨기 B (20코 9단 1무늬)

20코

도안 1

오른쪽 앞판

왼쪽 앞판

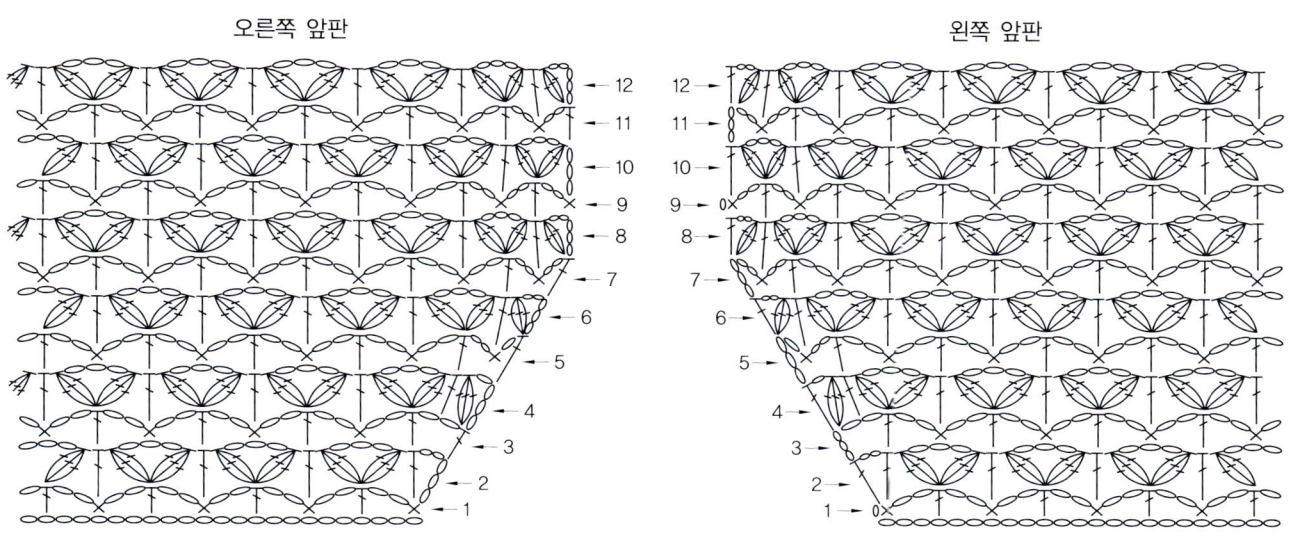

33 32 31 30 29 28 27 26 25 24 23 22 21 20 19 18 17 16 15 14 13

소매둘레

실달기

18 17 16 15 14 13 12 11 10 9 8 7 6 5 4 3 2 1

2 0X 1

뒷목둘레

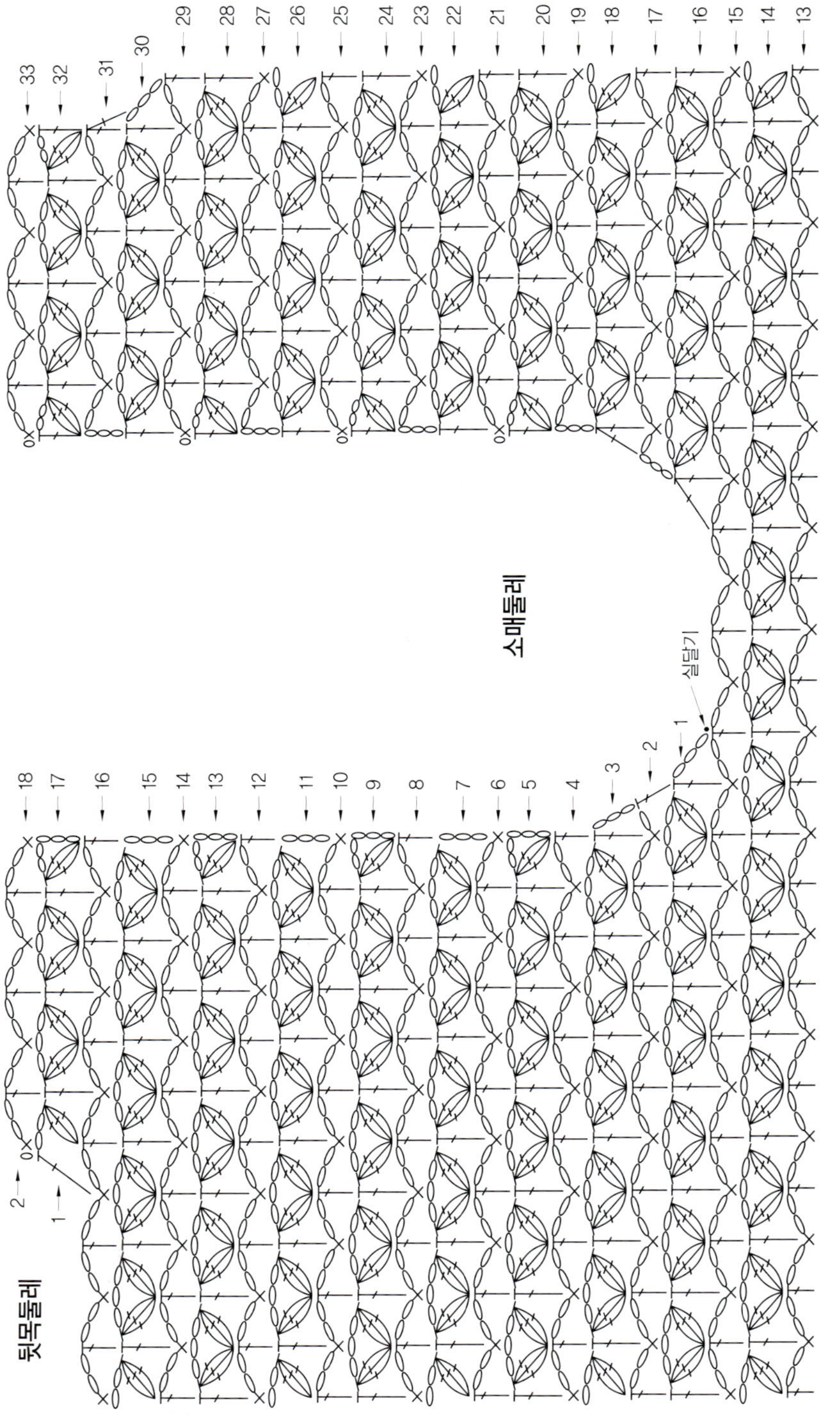

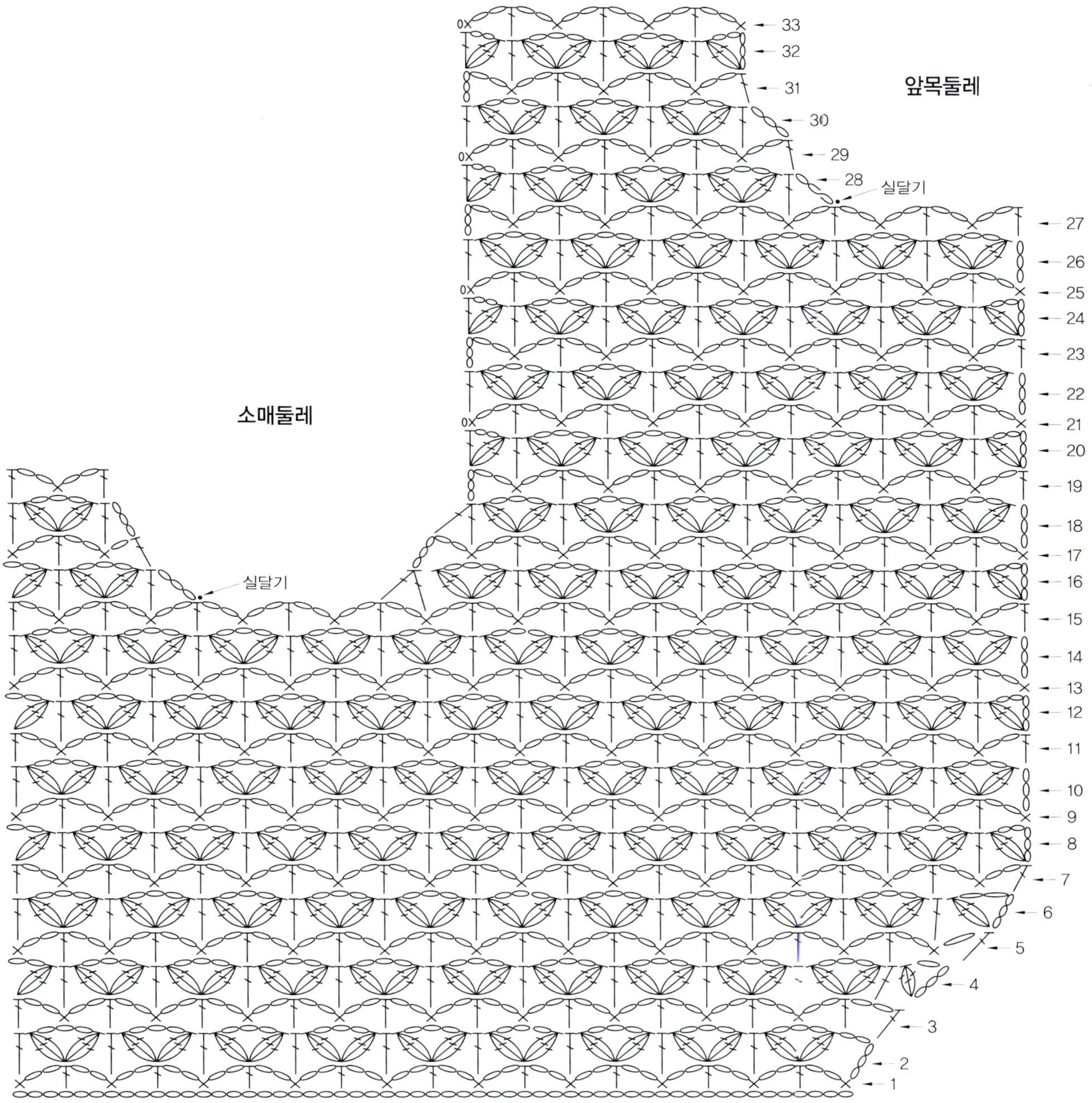

앞목둘레

소매둘레

실달기

실달기

33
32
31
30
29
28
27
26
25
24
23
22
21
20
19
18
17
16
15
14
13
12
11
10
9
8
7
6
5
4
3
2
1

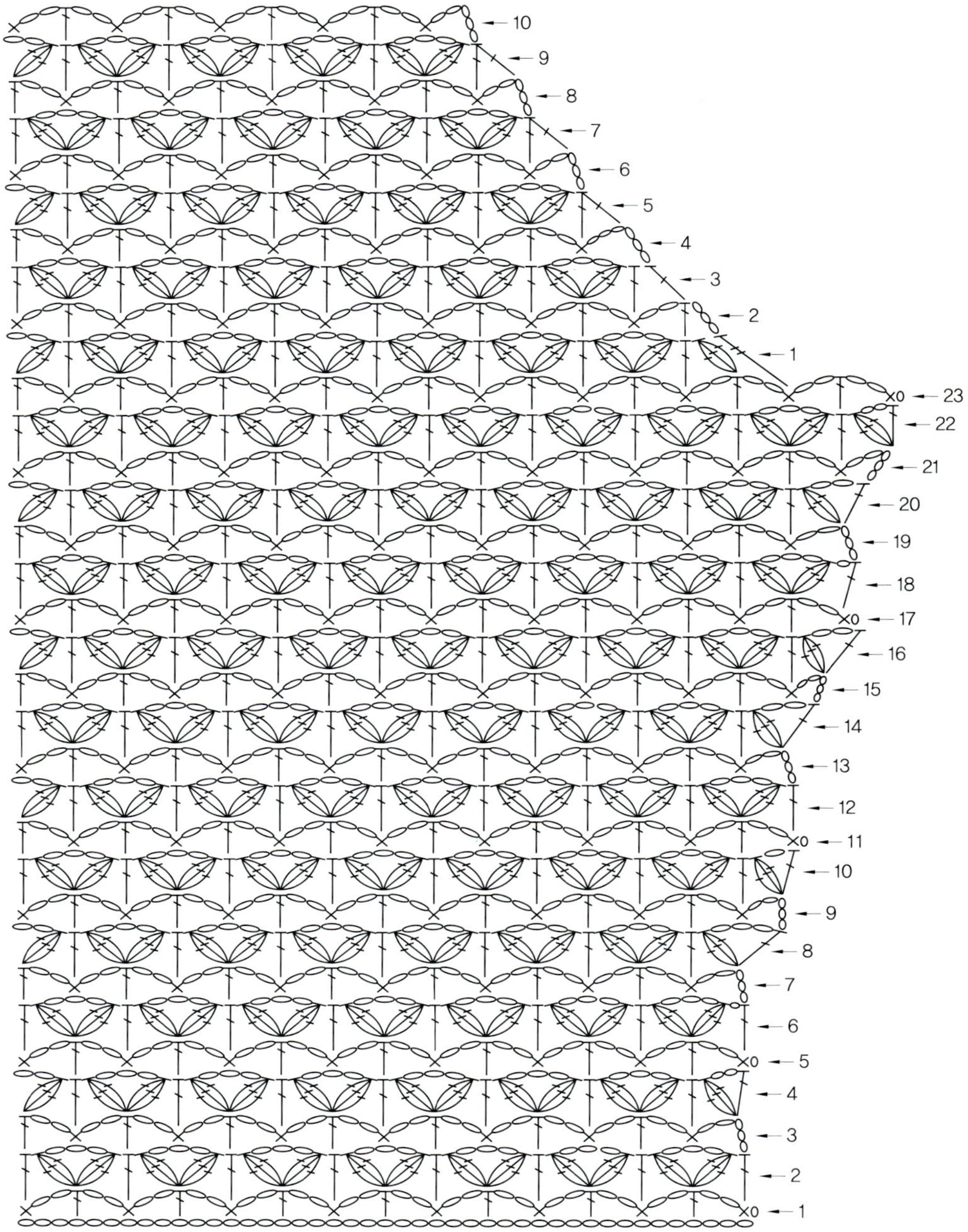

knit for baby & kids

4

여자 어린이 재킷

1. 칼라는 무늬뜨기 A로 뜬다.
2. 밑단은 2코 고무뜨기로 뜨고, 앞중심단은 무늬뜨기 A로 뜬다.
3. 소매 밑단은 2코 고무뜨기로 뜬다.
4. 몸판 메리야스뜨기한 곳에 꽃을 만들어 장식한다.

여자 어린이 재킷

 뜨는 방법

【뒤판】

❶ 4mm 줄바늘과 실(헤라 1올＋슈퍼워시 1올)로 흔들코 79코를 만들어 2코 고무뜨기로 14단을 뜨고, 6mm 줄바늘로 바꾸어 멍석뜨기로 54단을 뜬다.

❷ 멍석뜨기 54단이 되면 양옆 가장자리에 각 6코를 막음코하여 67코가 되게 한 후 45단을 더 뜨고 마무리한다.

【앞판】

❶ 4mm 줄바늘과 실(헤라 1올＋슈퍼워시 1올)로 흔들코 42코를 만들어 2코 고무뜨기로 14단을 뜨고, 6mm 줄바늘로 바꾸어 앞판 도안을 참고하여 앞판 양쪽(오른쪽, 왼쪽)을 뜬 다음 어깨코 22코를 뒤판과 마주 붙인다.

【소매】

❶ 소매는 앞·뒤판 연결한 후 6mm 줄바늘로 몸판 소매둘레 부분에서 55코를 주어 소매 도안대로 뜬다.

❷ 소매단은 4mm 줄바늘로 바꾸어 38코가 되게 줄인 후 2코 고무뜨기로 14단을 뜨고 돗바늘로 마무리한다.

❸ ❶, ❷가 끝나면 옆솔기는 돗바늘로 붙여준다.

【단뜨기】

❶ 앞중심단은 4mm 줄바늘과 실로 흔들코 9코를 만들어 무늬뜨기 A를 128단 뜨고, 몸판에 돗바늘로 붙여준다.

❷ 오른쪽 앞판의 단에는 26단 간격으로 단춧구멍을 5개 만들어 준다.

❸ 칼라는 목둘레에서 83코를 4mm 줄바늘로 주어 무늬뜨기 A를 하는데, 평 9단 뜨고 6단마다 1코씩 양옆 가장자리에서 늘려주기 3회를 해주며 전체 단수가 27단이 되도록 뜨고, 돗바늘로 마무리한다.

완성 치수
7~9세

재료와 도구

실 헤라 (아이보리색), 슈퍼워시 (아이보리색)

바늘 4mm 줄바늘, 6mm 줄바늘, 돗바늘

부속품 단추 5개

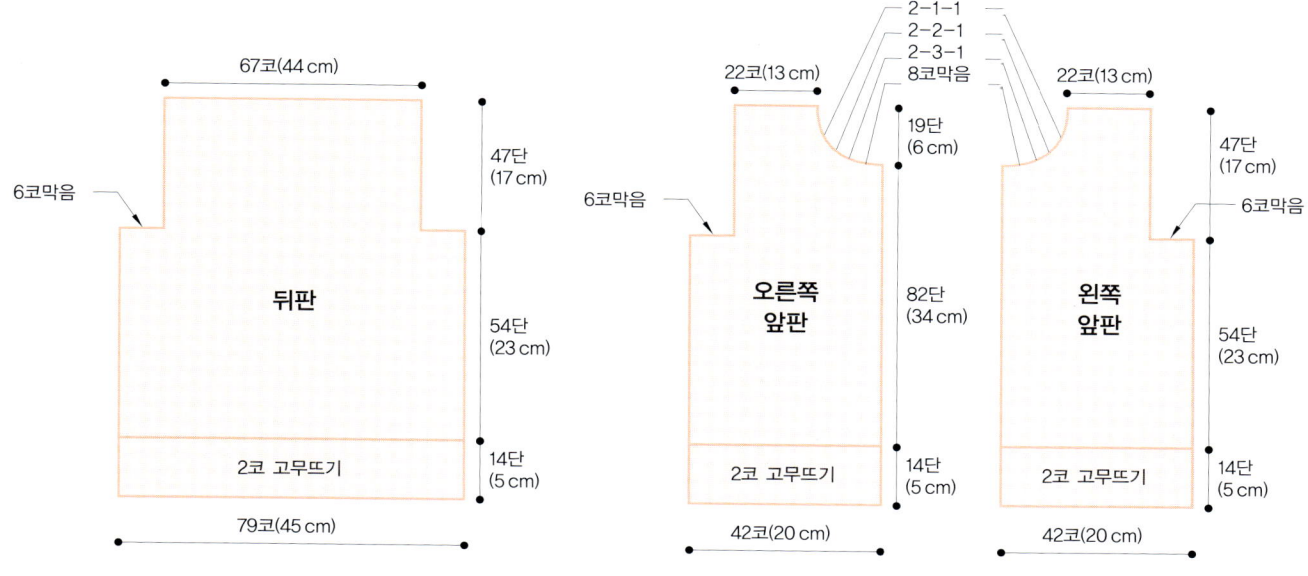

67코(44 cm)

6코막음

뒤판

47단(17 cm)

54단(23 cm)

2코 고무뜨기

14단(5 cm)

79코(45 cm)

22코(13 cm)

2-1-1
2-2-1
2-3-1
8코막음

19단(6 cm)

6코막음

오른쪽 앞판

82단(34 cm)

2코 고무뜨기

14단(5 cm)

42코(20 cm)

22코(13 cm)

47단(17 cm)

6코막음

왼쪽 앞판

54단(23 cm)

2코 고무뜨기

14단(5 cm)

42코(20 cm)

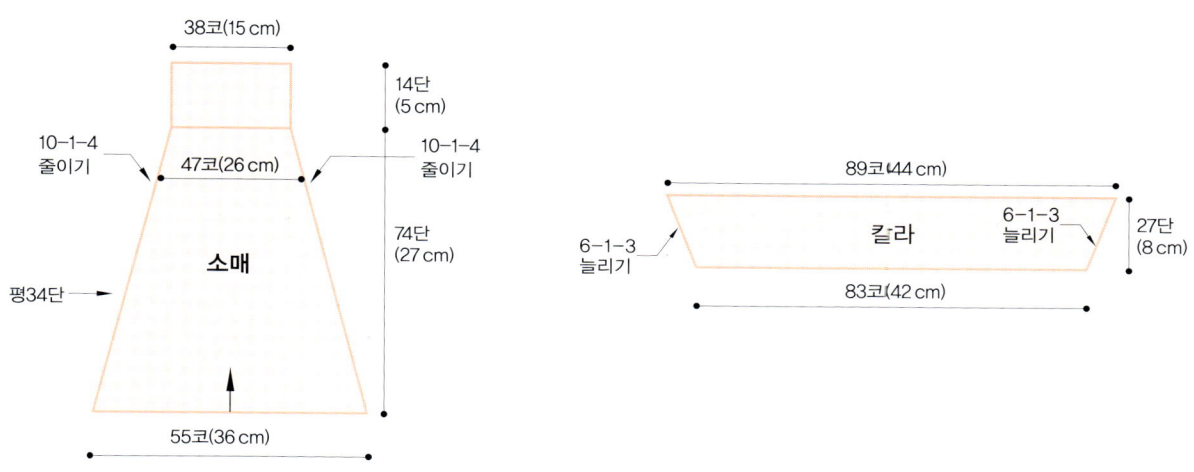

38코(15 cm)

14단(5 cm)

10-1-4 줄이기

47코(26 cm)

10-1-4 줄이기

소매

74단(27 cm)

평34단

55코(36 cm)

89코(44 cm)

6-1-3 늘리기

칼라

6-1-3 늘리기

27단(8 cm)

83코(42 cm)

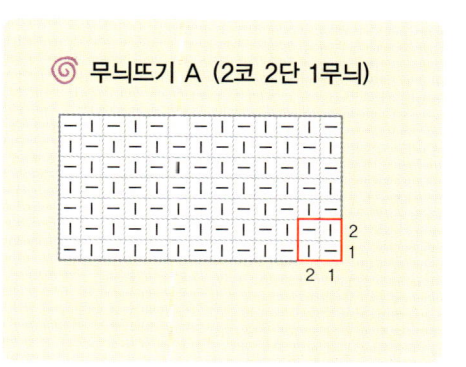

🌀 무늬뜨기 A (2코 2단 1무늬)

 뒤 판

47
45

40

35

30

25

20

15

10

5

1

54

50

45

40

35

30

25

20

15

10

5

1

14

10

5

1

79 75   70   65   60   55   50   45   40   35   30   25   20   15   10   5   1

68

 앞 판

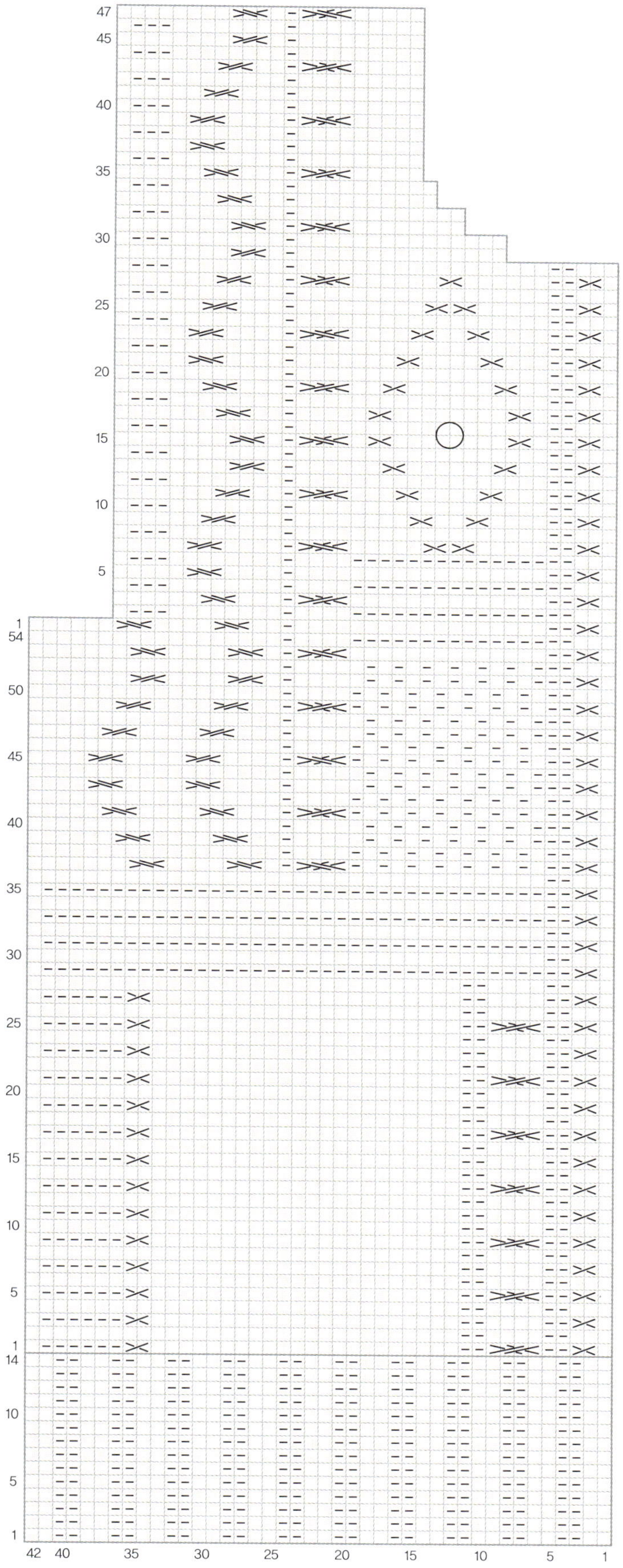

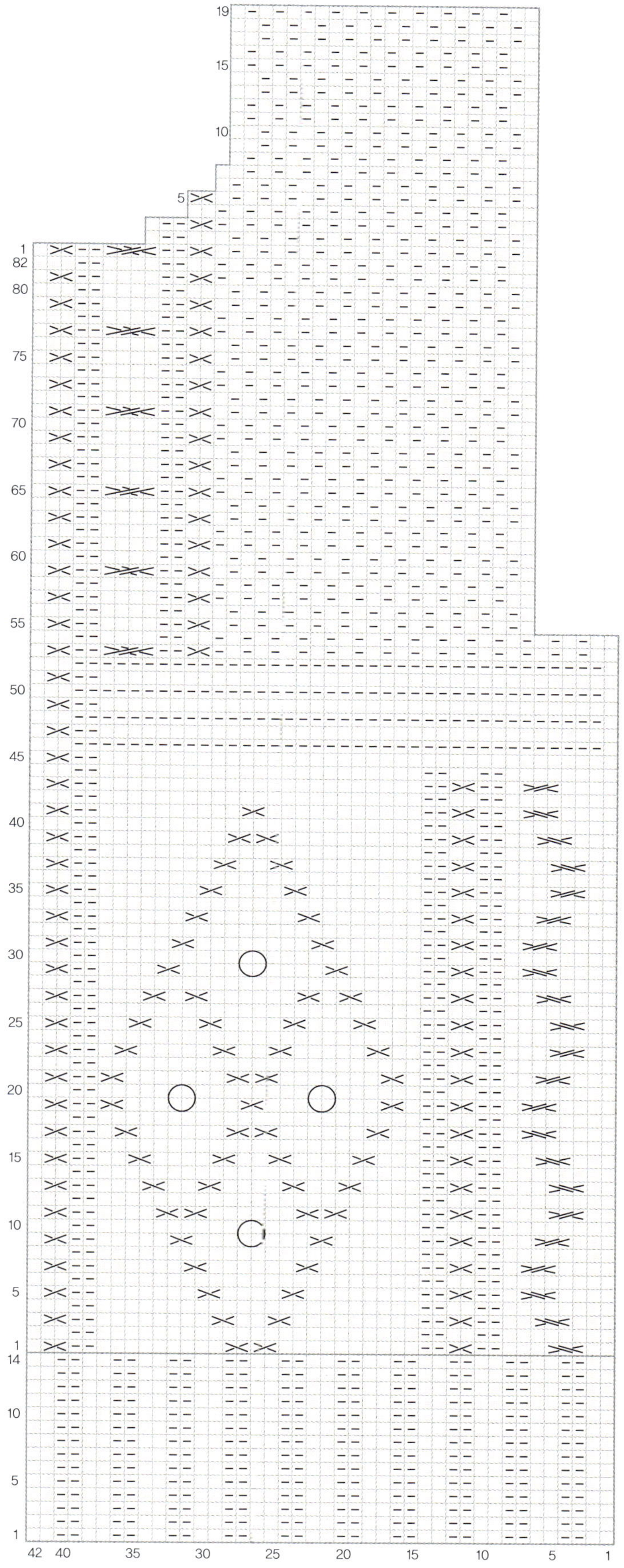

38   35   30   25   20   15   10   5   1

74
70
65
60
55
50
45
40
35
30
25
20
15
10
5
1

55   50   45   40   35   30   25   20   15   10   5   1

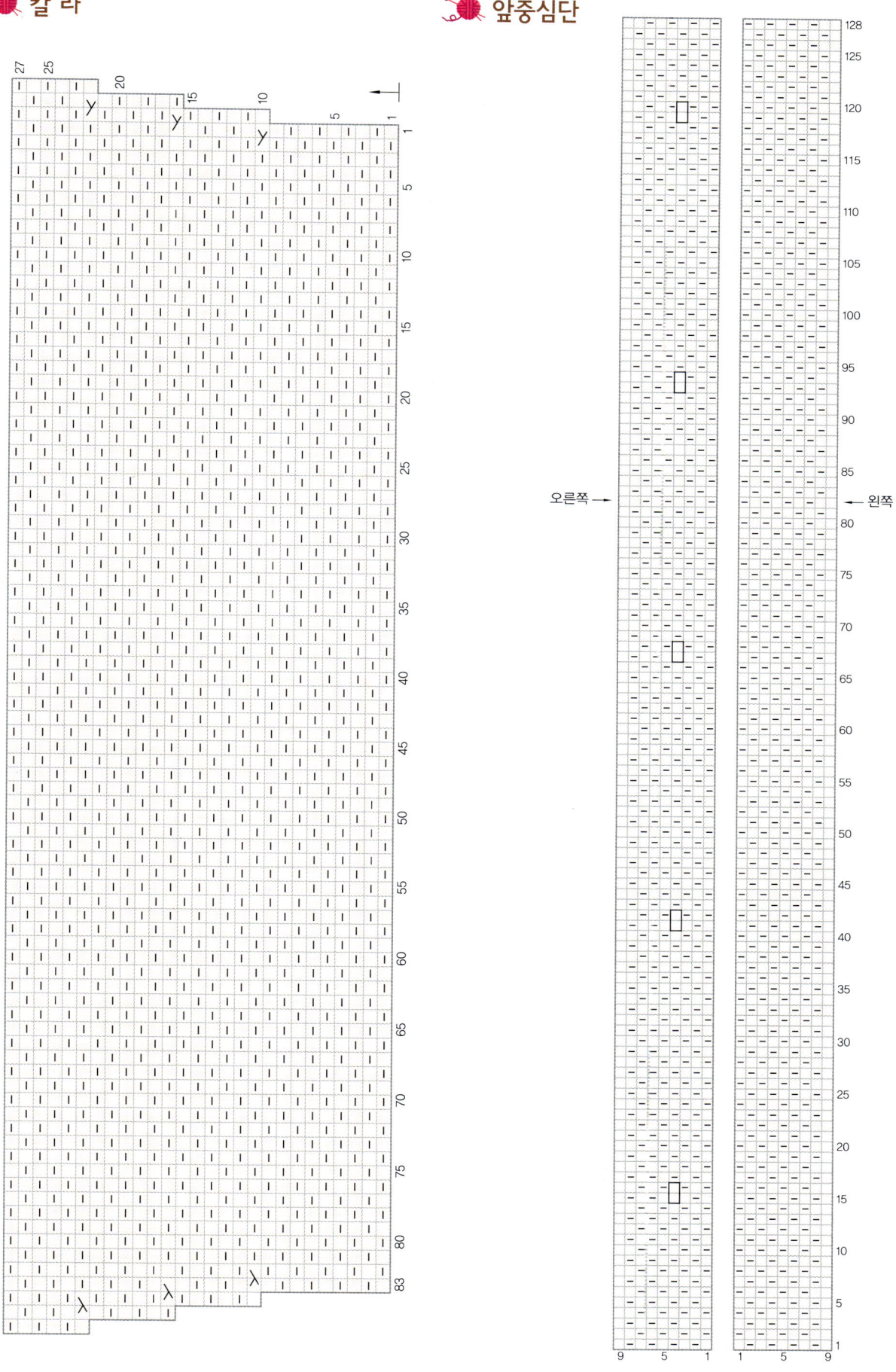

칼 라

앞중심단

오른쪽 →

← 왼쪽

71

5 녹두 보라색 투피스

1. 양 소매단과 소매 몸판의 색을 반대로 배치한다.
2. 오른쪽 앞판에는 꽃장식을 달아준다.
3. 왼쪽 앞판이 처지지 않게 오른쪽에 속단추를 달아준다.
4. 치마 밑단은 무늬뜨기 A로 뜬다.

녹두 보라색 투피스

 뜨는 방법

【뒤판】

❶ 보라색 실로 기본코 257코를 만들어 무늬뜨기 A로 97코가 되게 한다.

❷ ❶번에서 만든 97코로 메리야스뜨기 64단 뜨고 소매둘레를 만든다.

❸ 소매둘레의 양옆 가장자리는 각각 8코 막음한 뒤 2단마다 3코, 2코, 1코 순으로 줄여 69코가 되게 하여 45단 더 뜨고 마친다.

【앞판】

❶ 오른쪽 앞판은 보라색 실로 기본코 193코를 만들어 무늬뜨기 A로 73코가 되게 한다.

❷ 73코가 되면 앞중심 쪽에서 2단마다 1코씩 줄이기 44회 하여 앞목을 만들고, 소매둘레는 64단 뜨고 옆구리 쪽에서 8코 막음한 뒤 2단마다 3코, 2코, 1코 순으로 줄여 어깨코가 15코가 되게 하고, 앞판 소매둘레는 뒤판 소매둘레 단수보다 6단 더 떠서 뒤판 어깨에 붙인다.

❸ 왼쪽 앞판은 녹두색 실로 기본코 193코를 만들어 무늬뜨기 A로 73코가 되게 한다.

❹ 73코가 되면 오른쪽 앞판처럼 앞중심 쪽에서 2단마다 1코씩 줄이기 44회 하여 앞목을 만들고, 소매둘레는 64단 뜨고 옆구리 쪽에서 8코 막음한 뒤 2단마다 3코, 2코, 1코 순으로 줄여 어깨코가 15코가 되게 한다. 오른쪽 앞판 단수와 똑같이 뜬 다음 뒤판 어깨코에 마주 붙인다.

❺ 옆솔기는 돗바늘로 붙여주고, 앞중심단은 보라색 실과 3.5mm를 줄바늘을 이용해 319코를 주어 1코 고무뜨기로 6단을 뜨고 돗바늘로 마무리한다.

❻ 밑의 시작 부분은 코바늘로 되돌아짧은뜨기해서 장식한다.

【소매】

❶ 오른쪽 소매는 보라색 실과 3.5mm 줄바늘을 이용해 흔들코 51코를 만들어 1코 고무뜨기로 30단 뜨고, 녹두색 실과 4.5mm 줄바늘로 바꾸어 60코가 되게 늘린다.

❷ 메리야스뜨기로 80단을 뜨는데 평16단 뜬 뒤 8단마다 양옆 가장자리에서 각 1코 늘리기 8회를 한다.

❸ ❷번까지 끝이 나면 소매산을 만드는데 먼저 양옆 가장자리를 각각 5코 막음한 뒤 2단마다 3코, 2코, 1코-12회, 2코, 3코 순으로 줄여주고, 나머지 코는 막음코로 마무리한다.

❹ 왼쪽 소매는 소매단은 녹두색, 소매 몸통은 보라색으로 실의 색을 바꾸어 주고, 뜨기법은 오른쪽 소매뜨기와 똑같이 한다.

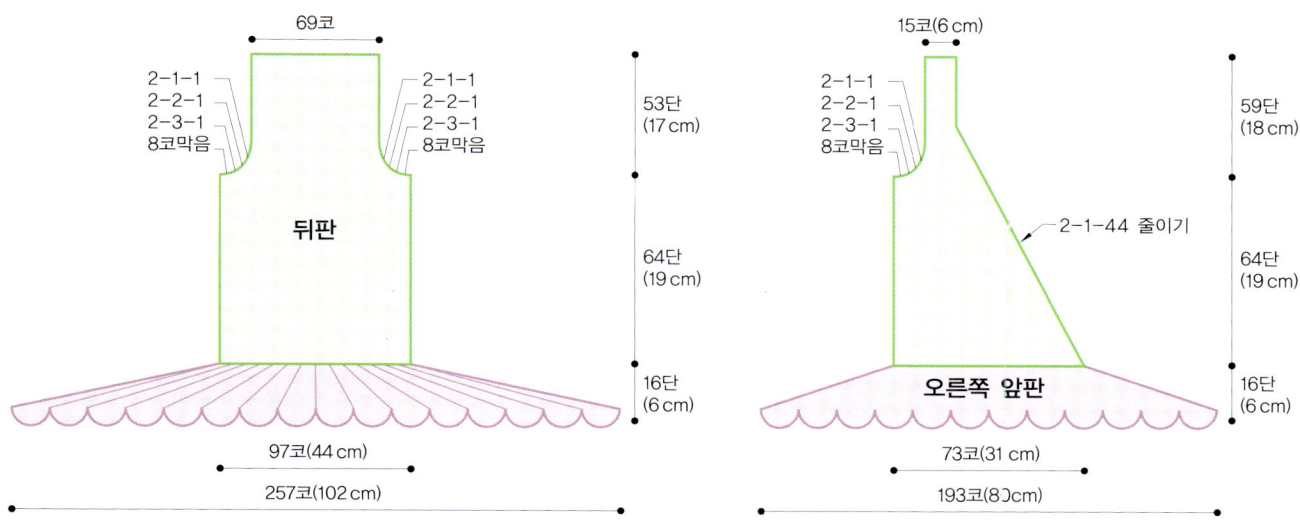

뒤판

69코

2-1-1
2-2-1
2-3-1
8코막음

53단
(17 cm)

64단
(19 cm)

16단
(6 cm)

97코(44 cm)

257코(102 cm)

오른쪽 앞판

15코(6 cm)

2-1-1
2-2-1
2-3-1
8코막음

2-1-44 줄이기

59단
(18 cm)

64단
(19 cm)

16단
(6 cm)

73코(31 cm)

193코(80 cm)

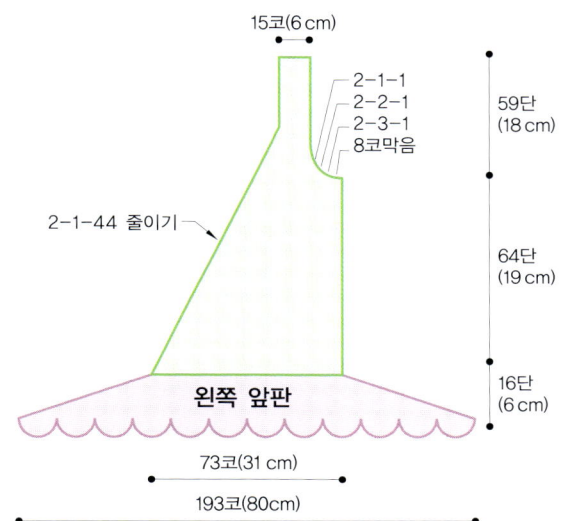

왼쪽 앞판

15코(6 cm)

2-1-1
2-2-1
2-3-1
8코막음

2-1-44 줄이기

59단
(18 cm)

64단
(19 cm)

16단
(6 cm)

73코(31 cm)

193코(80cm)

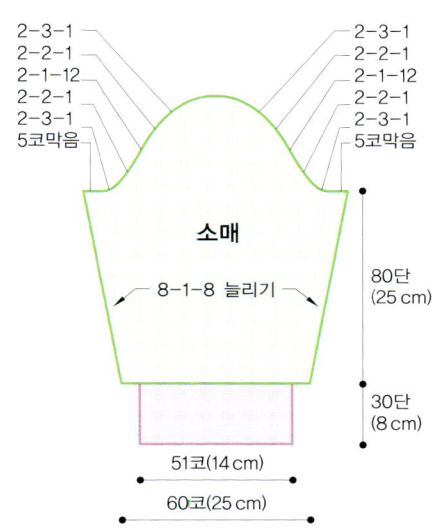

소매

2-3-1
2-2-1
2-1-12
2-1-1
2-3-1
5코막음

2-3-1
2-2-1
2-1-12
2-1-1
2-3-1
5코막음

8-1-8 늘리기

80단
(25 cm)

30단
(8 cm)

51코(14 cm)

60코(25 cm)

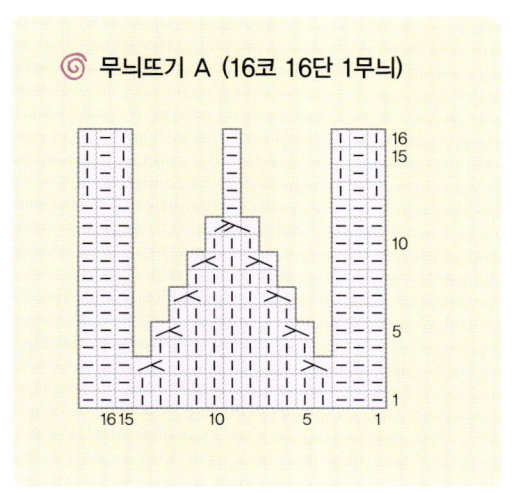

🌀 **무늬뜨기 A (16코 16단 1무늬)**

16
15

10

5

1

16 15   10   5   1

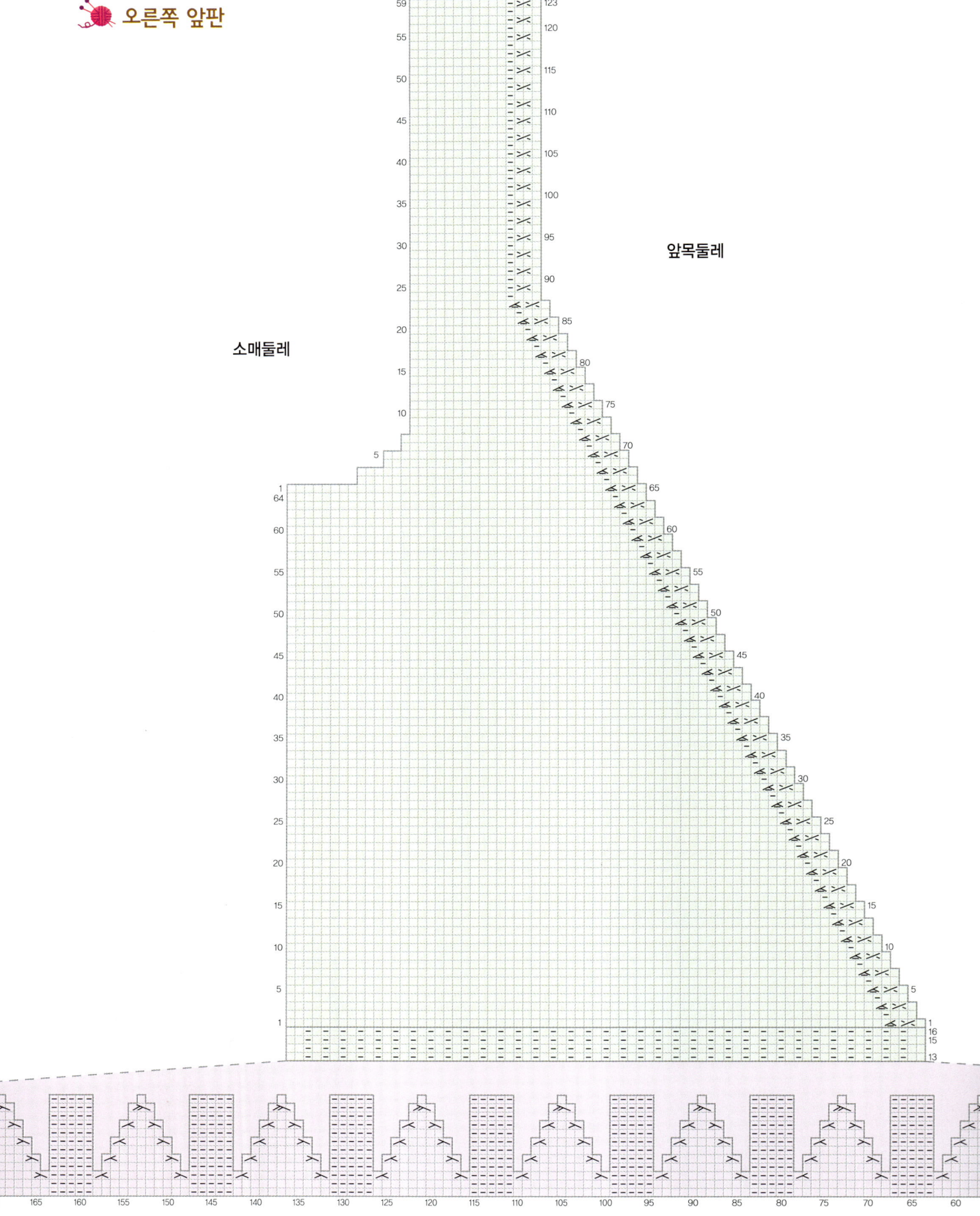

오른쪽 앞판

소매둘레

앞목둘레

앞목둘레

소매둘레

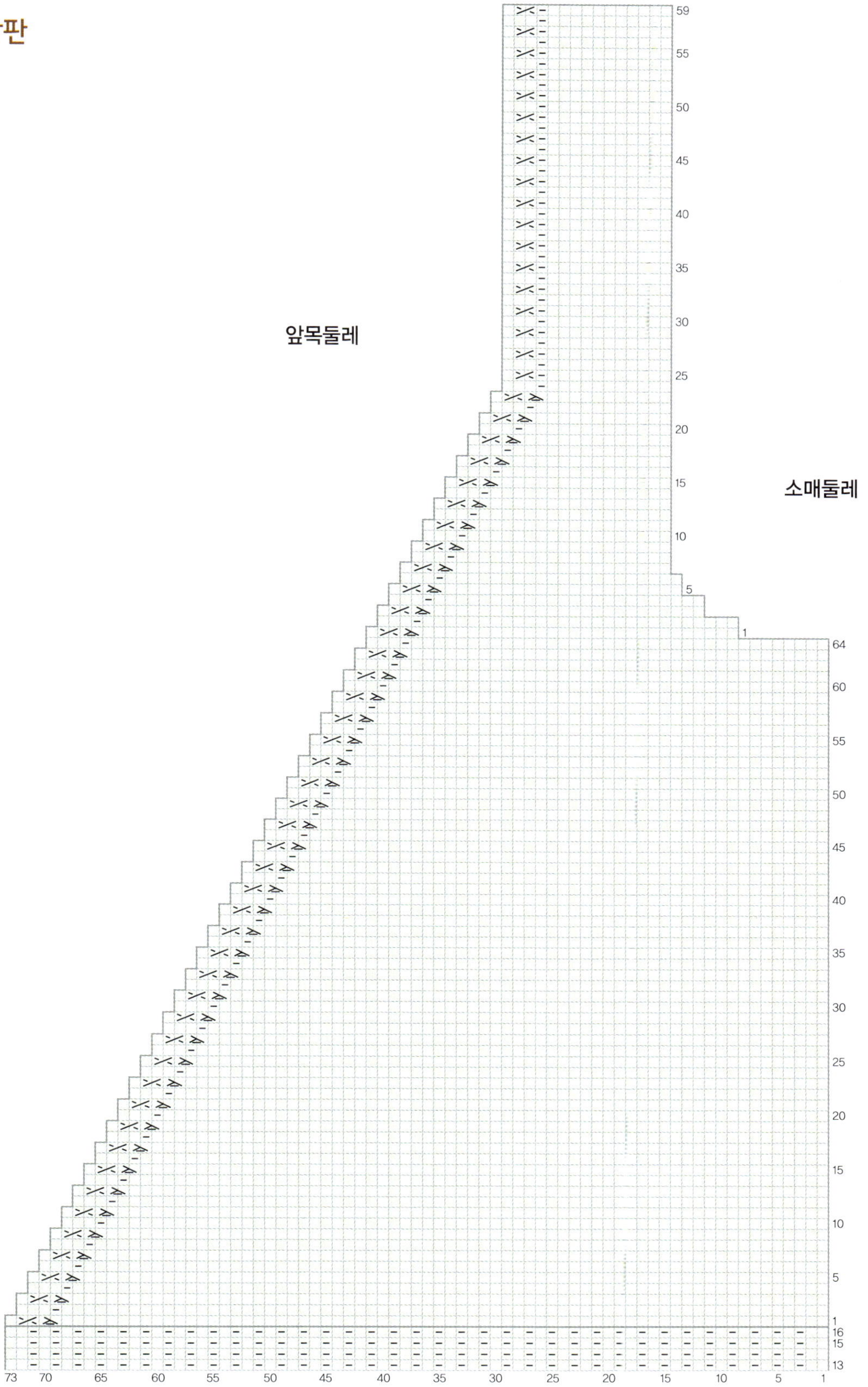

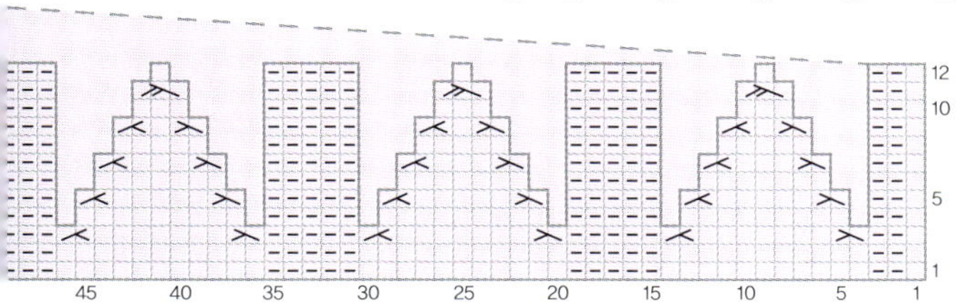

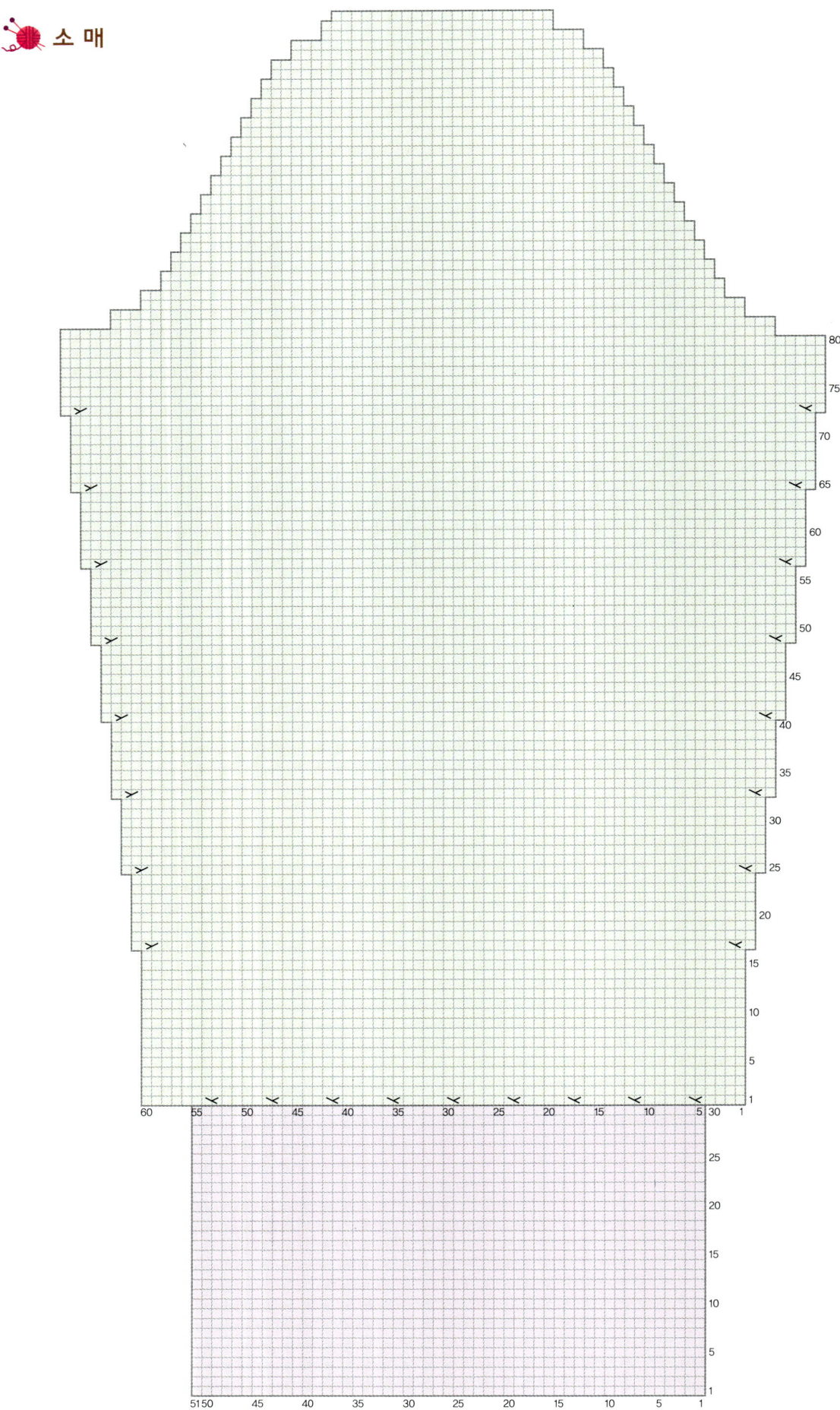

 치 마

치마 밸트단

【치마】

① 보라색 실과 4.5mm 줄바늘을 이용해 기본코 257코를 만들어 무늬뜨기 A로 97코가 되게 한다.

② ①번이 끝나면 녹두색 실로 바꾸어 메리야스뜨기를 하는데 평 50단을 뜨고난 뒤 양옆 가장자리를 각각 6단마다 1코씩 줄이기 7회 하여 42단을 더 뜬다.

③ 똑같이 한 장 더 뜬다.

④ 치마의 옆솔기는 돗바늘로 붙여주고, 허리단은 원통으로 100코 되게 한 후 18단 메리야스뜨기한 다음 고무 밸트를 넣어 접어 감침질한다.

⑤ 치마 밑끝단은 코바늘로 되돌아짧은뜨기로 장식하여 마무리한다.

⑥ 코바늘로 끈에 방울을 달아 윗옷에 붙여 귀엽게 포인트 주고, 속단추 1개를 오른쪽 앞판 안에 달아 왼쪽 앞판의 처짐을 막아준다.

83코(32 cm)

100코(58 cm)

18단 (8 cm)

42단 (13 cm)

6-1-7 줄이기

치마

50단 (15 cm)

16단 (6 cm)

97코(44 cm)

257코(102 cm)

6 knit for baby & kids

빨간색 원피스

1. 어깨를 오픈시켜 라운드 목둘레와 연결하여 가터 단뜨기를 하고 단추를 달아준다.
2. 소매단은 무늬뜨기 A로 뜬다.
3. 원피스 허리부분은 코줄임을 넣어 주름을 만든다.
4. 원피스 밑단은 무늬뜨기 A로 뜬다.

빨간색 원피스

완성 치수
10~11세

재료와 도구
실   헤라(빨간색)
바늘   5mm 줄바늘, 돗바늘
부속품 단추 2개

 뜨는 방법

【뒤판】

❶ 흔들코 121코를 만들어 무늬뜨기 A로 24단을 뜬 뒤, 14코를 줄여 107코가 되게 하여 메리야스뜨기 80단을 뜬다.

❷ ❶번이 끝나면 107코 중에서 17코만 띄고 중심의 74코를 37코가 되게 줄인 후 나머지 16코를 떠서 70코가 되게 한다.

❸ ❷번의 70코를 16단 뜨고 소매둘레를 만든다.

❹ 소매둘레는 양옆 가장자리를 5코 막음한 뒤 2단마다 3코, 2코, 1코씩 줄여 48코를 36단 뜨고 뒷목둘레를 만든다.

❺ 뒷목둘레는 가운데 중심으로 16코 막음한 뒤 그 기준으로 양옆을 각각 2단마다 3코, 2코, 1코 순으로 줄여 어깨코가 10코씩 되게 한다.

❻ 뒷목단은 59코를 주어 가터뜨기 8단 뜨고 돗바늘로 마무리한다.

【앞판】

❶ 뒤판 ❶~❸번과 같이 뜬다.

❷ ❶번까지 되면 소매둘레를 만드는데 양옆 가장자리를 5코 막음한 뒤 2단마다 3코, 2코, 1코씩 줄여 48코를 20단 뜨고 앞목둘레를 만든다.

❸ 앞목둘레는 가운데 중심에 16코 막음한 뒤 그 기준으로 양옆을 각각 2단마다 3코, 2코, 1코 순으로 줄여 어깨코가 10코씩 되게 하여 14단 더 뜬다.

❹ 앞목단은 79코를 주어 가터뜨기 8단을 뜨는데 양어깨 코너 부분에 단춧구멍을 각각 1개씩 만들어 준다.

❺ 어깨붙임은 뒷목단과 앞목단의 가터뜨기 부분만 겹치게 놓고 옆솔기 부분의 8단만 붙여 고정한다.

【소매】

❶ 흔들코 70코를 만들어 무늬뜨기 A로 24단을 뜨고 난 뒤, 메리야스뜨기를 하는데 평 8단 뜬 후 8단마다 양옆 가장자리에서 각 1코씩 늘리기 4회 하며 40단까지 뜬다.

❷ ❶번이 끝나면 소매산을 만드는데 양옆 가장자리는 각각 4코 막음한 뒤 2단마다 2코, 1코-10회, 2코, 3코 순으로 줄이고, 나머지 코는 막음코로 마무리한다.

❸ 똑같이 한 장 더 뜬다.

❹ 옆솔기는 돗바늘로 붙이고, 몸통에 달아 완성한다.

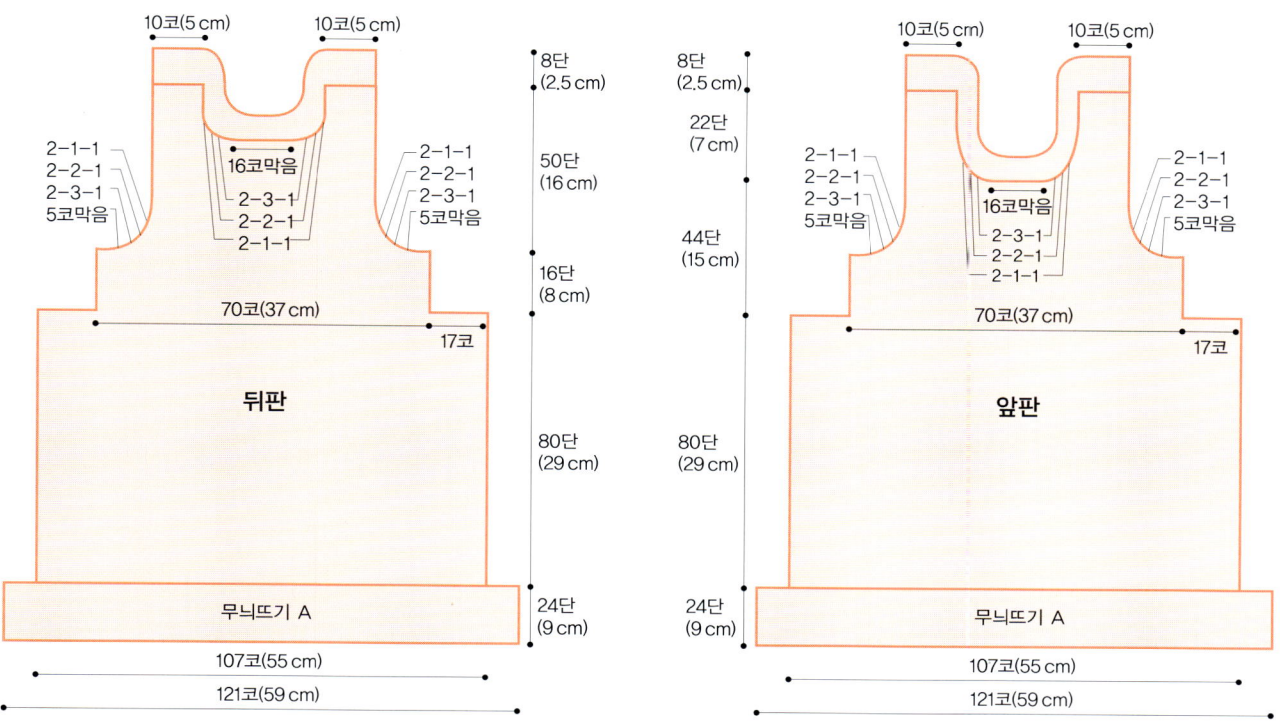

뒤판

10코(5 cm)　　10코(5 cm)

2-1-1
2-2-1
2-3-1
5코막음

16코막음
2-3-1
2-2-1
2-1-1

2-1-1
2-2-1
2-3-1
5코막음

70코(37 cm)

17코

8단(2.5 cm)
50단(16 cm)
16단(8 cm)
80단(29 cm)
24단(9 cm)

무늬뜨기 A

107코(55 cm)
121코(59 cm)

앞판

10코(5 cm)　　10코(5 cm)

8단(2.5 cm)
22단(7 cm)

2-1-1
2-2-1
2-3-1
5코막음

16코막음
2-3-1
2-2-1
2-1-1

2-1-1
2-2-1
2-3-1
5코막음

44단(15 cm)
80단(29 cm)

70코(37 cm)

17코

24단(9 cm)

무늬뜨기 A

107코(55 cm)
121코(59 cm)

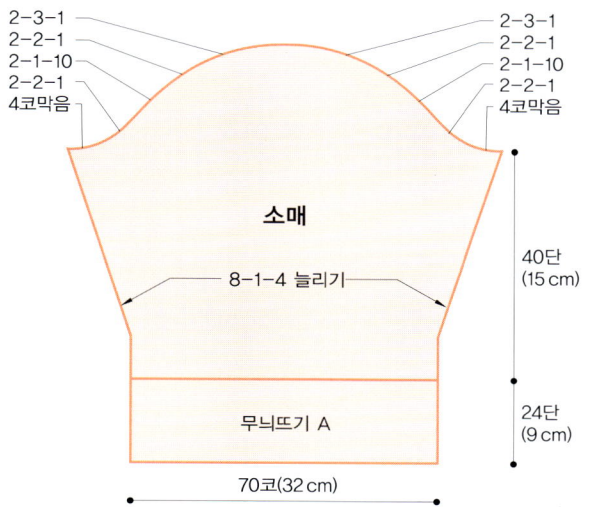

소매

2-3-1
2-2-1
2-1-10
2-2-1
4코막음

2-3-1
2-2-1
2-1-10
2-2-1
4코막음

8-1-4 늘리기

40단(15 cm)
24단(9 cm)

무늬뜨기 A

70코(32 cm)

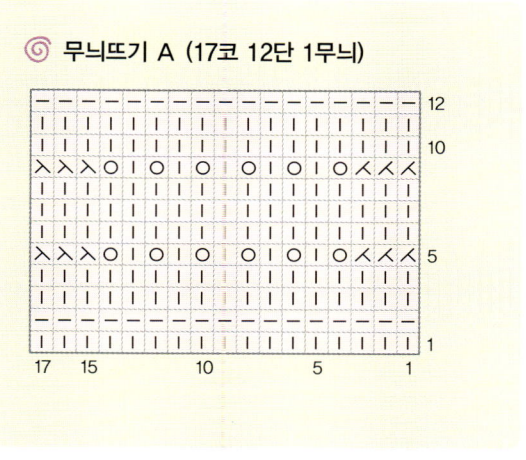

무늬뜨기 A (17코 12단 1무늬)

앞 판

소 매

40
35
30
25
20
15
10
5
1
24
20
15
10
5
1
70
65
60
55
50
45
40
35
30
25
20
15
10
5
1

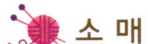

knit for baby & kids

7

knit for baby & kids

꽃분홍 민소매 원피스

1. 목부분은 라운드 넥으로 손뜨개한다.
2. 민소매 둘레는 무늬뜨기 B로 뜬다.
3. 뒤판에는 입고 벗기 편하게 지퍼를 달아준다.
4. 원피스 밑단은 모티프뜨기로 한다.

꽃분홍 민소매 원피스

완성 치수
12세

재료와 도구
실　레이디(분홍색)
바늘　코바늘 2호
부속품　지퍼

뜨는 방법

① 모티프 26개를 만들어 원통으로 이어 치마를 시작하고, 무늬뜨기 A 26무늬를 평 16단 원통뜨기한 후 도안 1처럼 옆솔기를 줄이며 40단 더 뜬 다음 지퍼 달 곳을 만든다.

② 지퍼 달 곳은 무늬 0.5개를 띄어 주어 오픈시킨 후 18단 떠준다.

③ ②번까지 끝나면 3등분 하여 소매둘레를 만든다.(도안 2 참고)

④ 앞판은 전체길이 무늬 단수가 90단이 되면 앞목둘레를 만들어 준다. (도안 4 참고)

⑤ 앞·뒤판이 다 되면 어깨(1.5 무늬)를 붙여준다. 목둘레단과 소매둘레단은 무늬뜨기 B로 장식 마무리하고, 치마 밑단은 무늬뜨기 C로 장식 마무리한다.

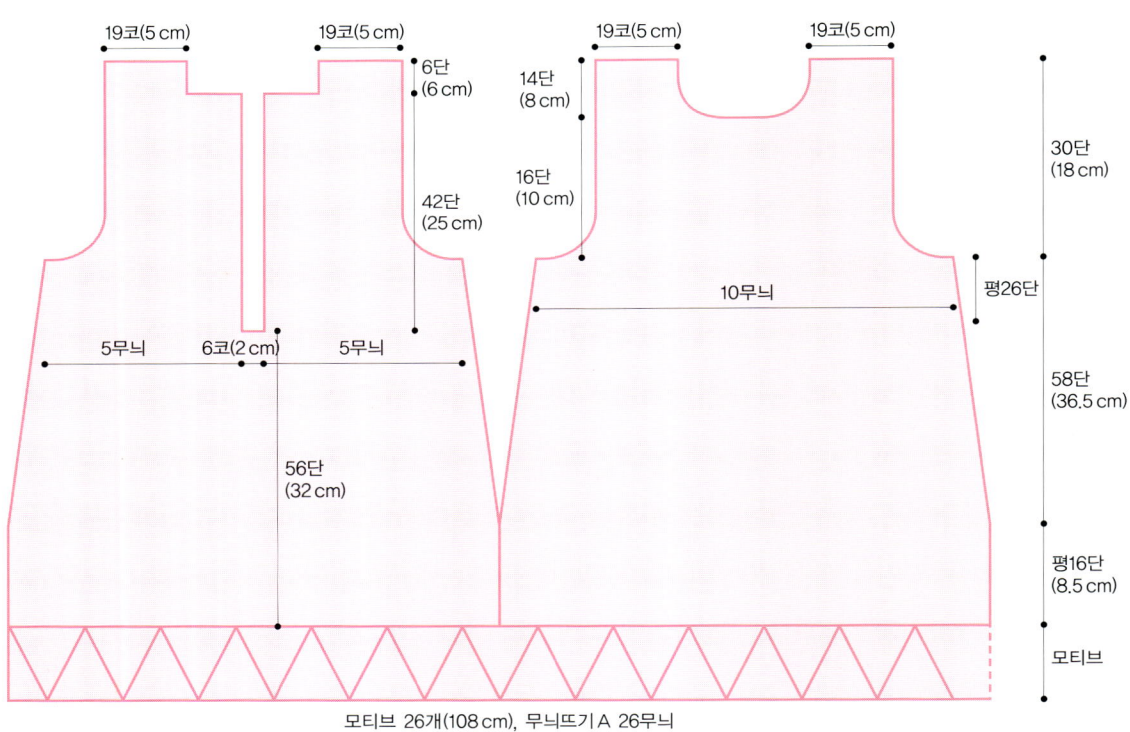

🧶 도안 1 (옆솔기 줄이는 법)

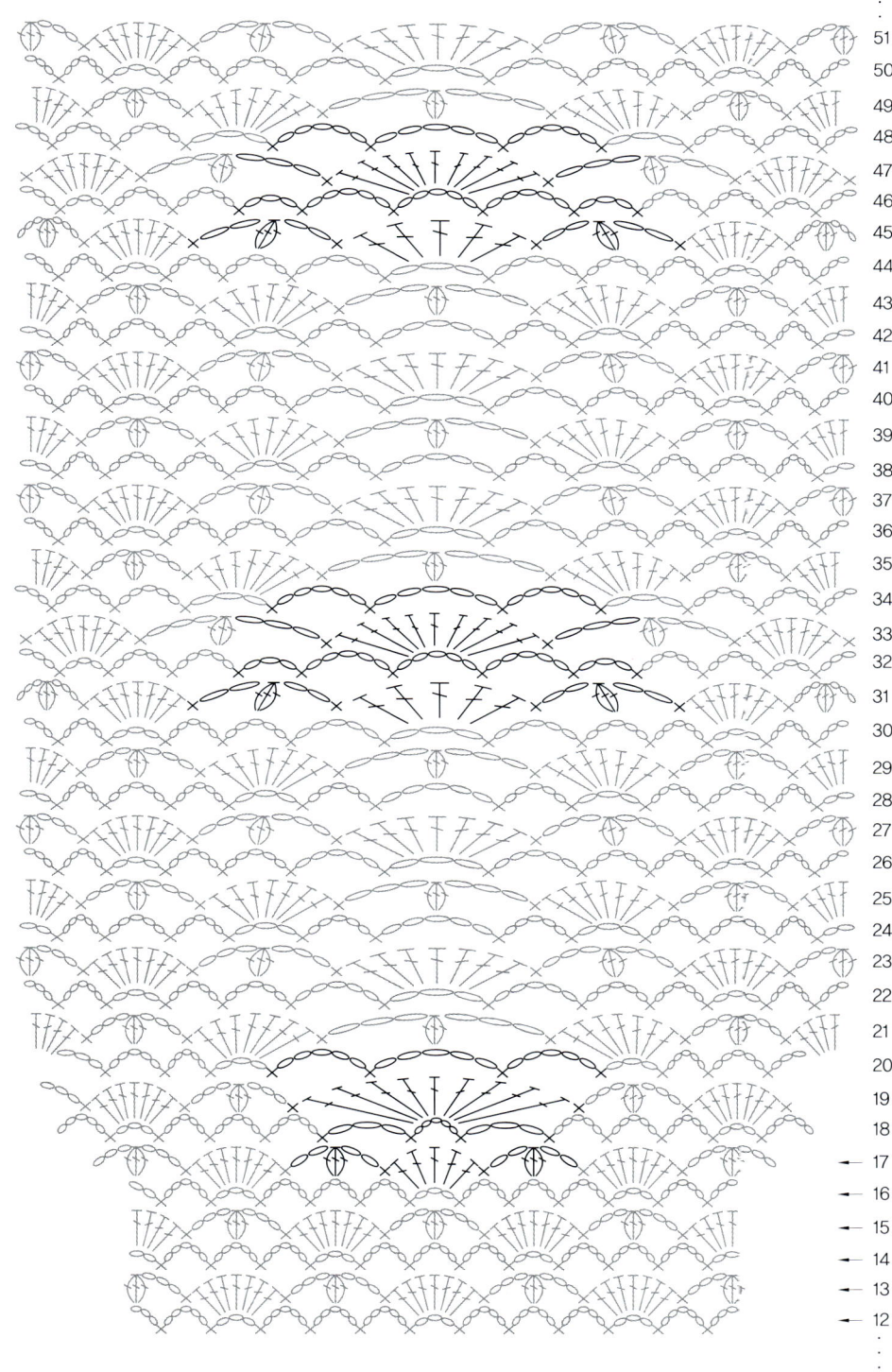

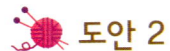

도안 2

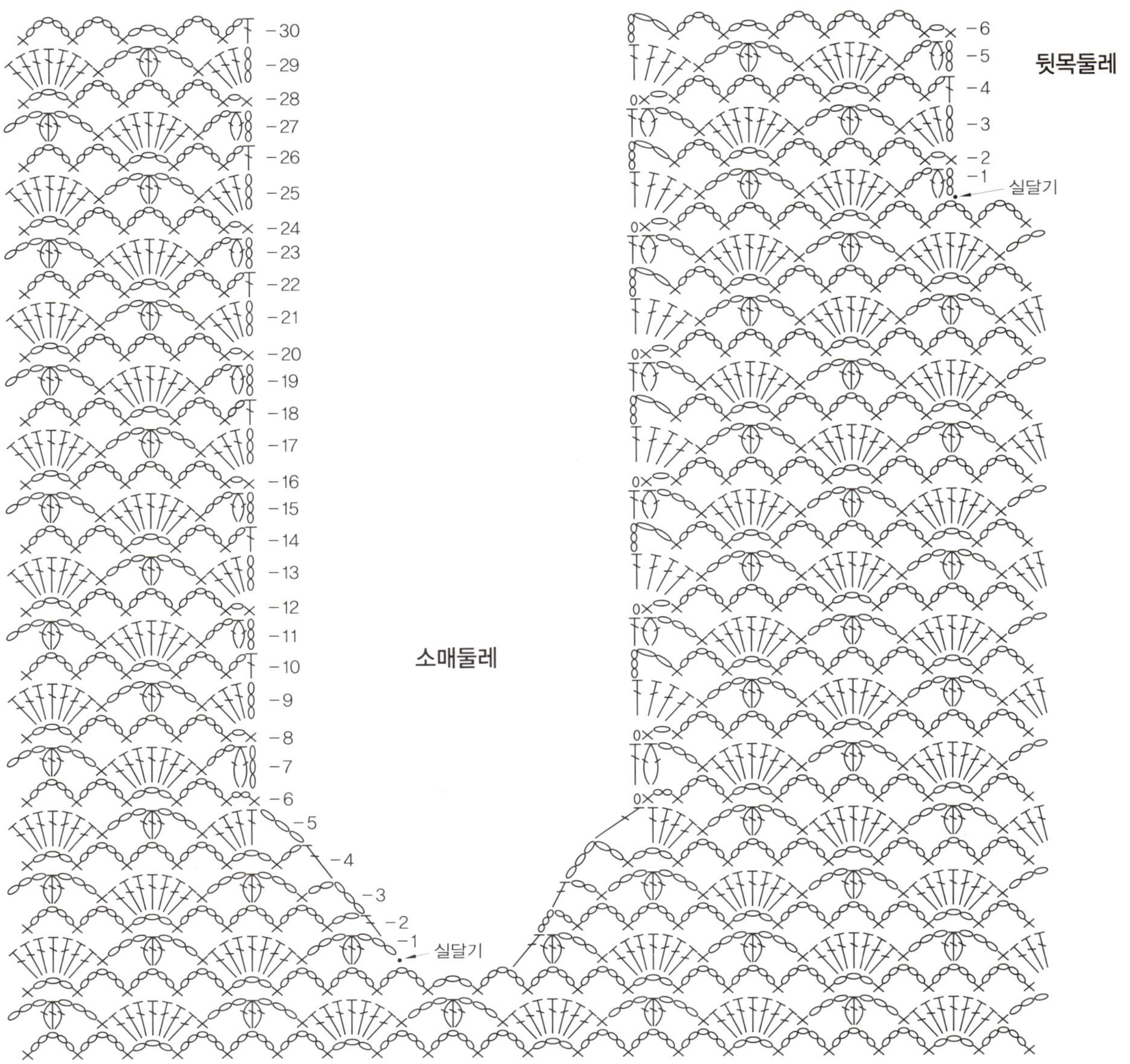

30
29
28
27
26
25
24
23
22
21
20
19
18
17
16
15
14
13
12
11
10
9
8
7
6
5
4
3
2
1
실달기
소매둘레
6
5
4
3
2
1
실달기
뒷목둘레

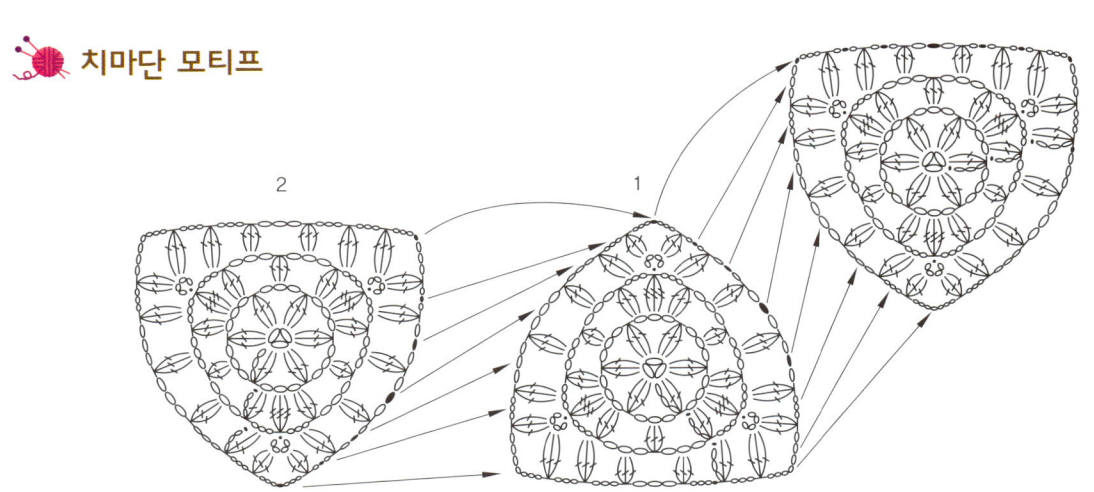

치마단 모티프

2
1

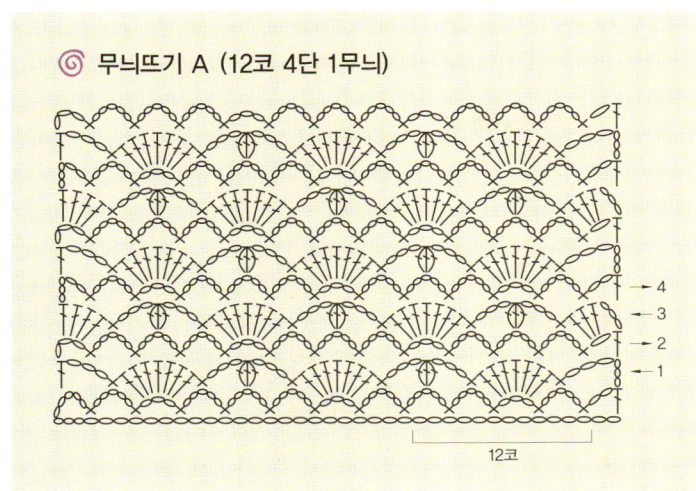

🌀 무늬뜨기 A (12코 4단 1무늬)

→ 4
→ 3
→ 2
→ 1

12코

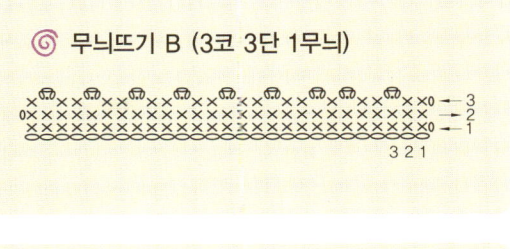

🌀 무늬뜨기 B (3코 3단 1무늬)

→ 3
→ 2
→ 1

3 2 1

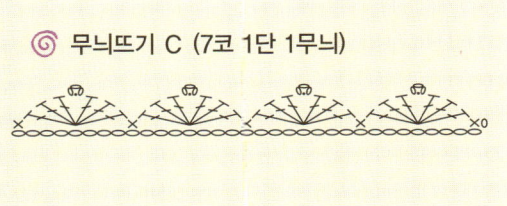

🌀 무늬뜨기 C (7코 1단 1무늬)

🧶 도안 3

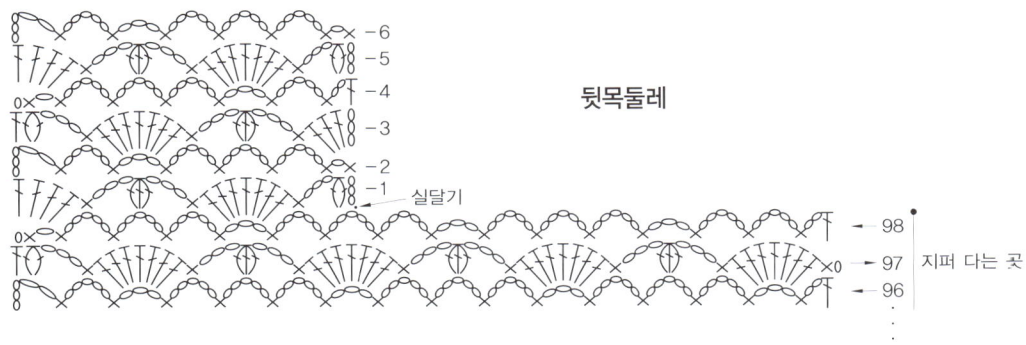

→ -6
→ -5
→ -4
→ -3
→ -2
→ -1   실달기

뒷목둘레

→ 98
→ 97   지퍼 다는 곳
→ 96

🧶 도안 4

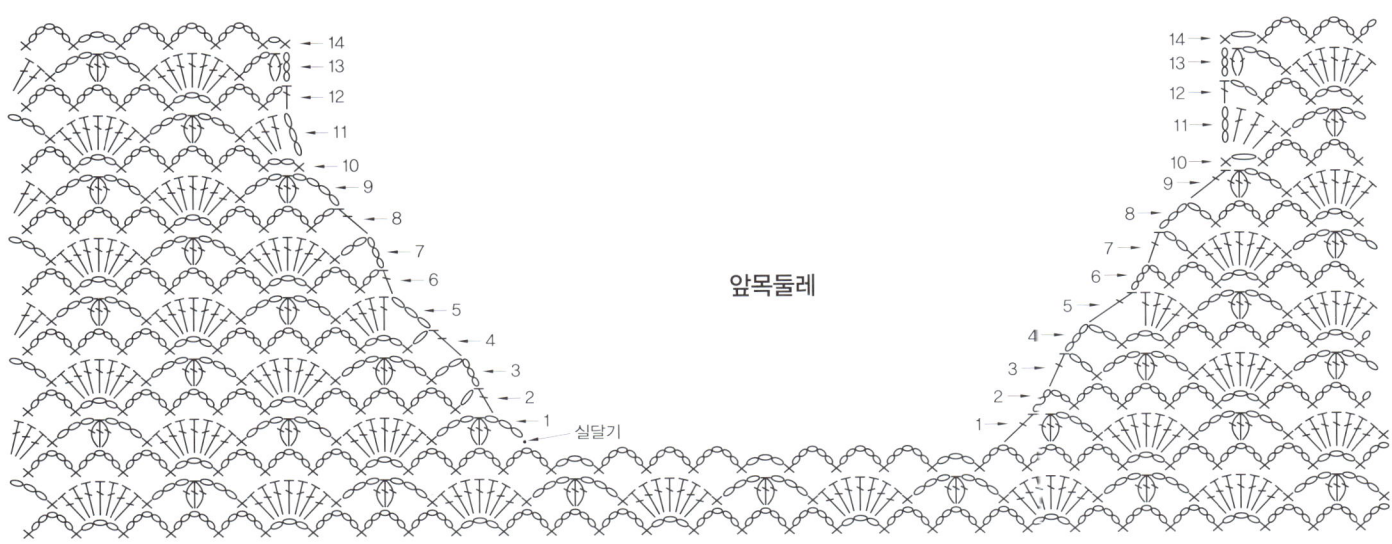

→ 14
→ 13
→ 12
→ 11
→ 10
→ 9
→ 8
→ 7
→ 6
→ 5
→ 4
→ 3
→ 2
→ 1   실달기

앞목둘레

14 →
13 →
12 →
11 →
10 →
9 →
8 →
7 →
6 →
5 →
4 →
3 →
2 →
1 →

Knit

knit for baby & kids

고학년 어린이용

부쩍 성숙한 아이를 위한 손뜨개

1

knit for baby & kids

파란색 조끼

1. 라운드 넥은 2코 고무뜨기로 뜬다.
2. 밑단은 2코 고무뜨기로 뜬다.
3. 몸판 무늬뜨기
4. 조끼 소매둘레단은 2코 고무뜨기로 뜬다.

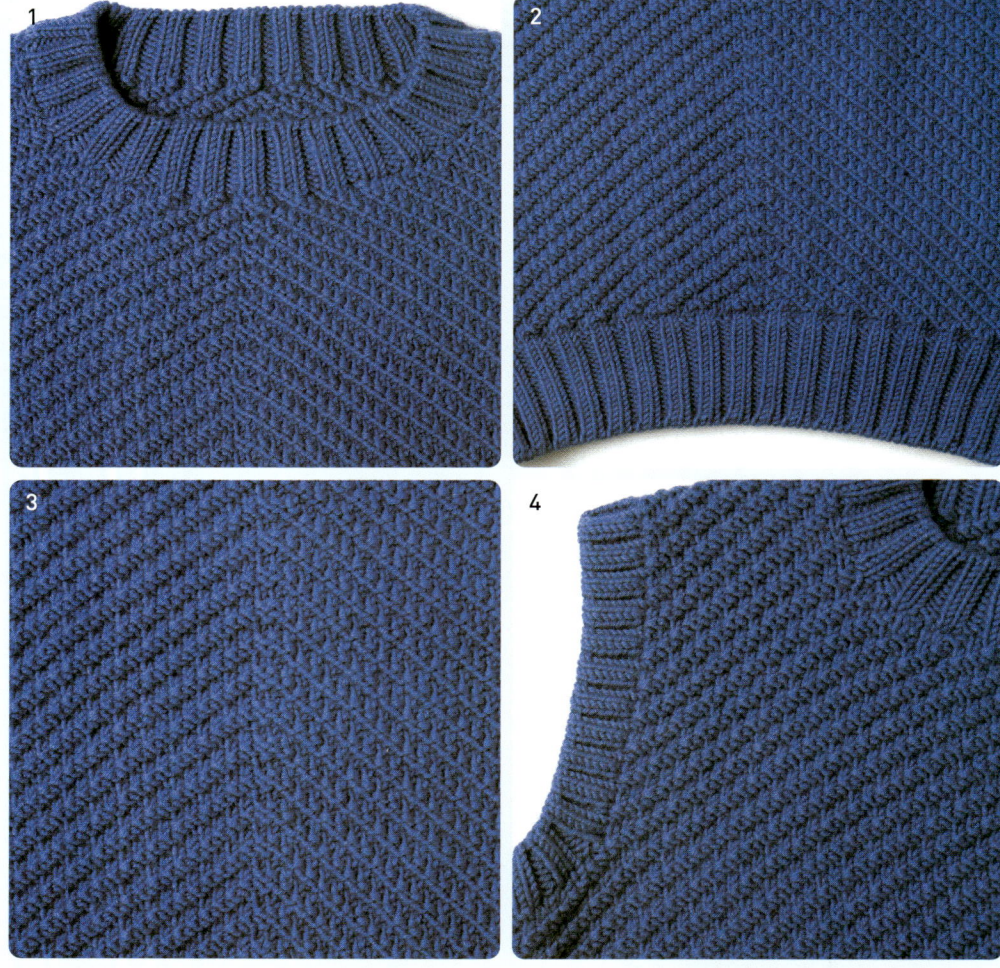

파란색 조끼

완성 치수
11~12세

재료와 도구
실   헤라(파란색)
바늘   3.5mm 줄바늘, 5mm 줄
      바늘, 돗바늘

 뜨는 방법

【뒤판】

❶ 3.5mm 줄바늘에 흔들코 96코를 만들어 2코 고무뜨기로 22단을 뜨고, 5mm 줄바늘로 바꾸어 무늬뜨기 A로 80단을 뜬다.

❷ ❶번이 끝나면 소매둘레를 만드는데 양옆 가장자리에 각각 6코 막음한 뒤 2단마다 3코, 2코, 1코 순으로 줄여 72코가 되게 하여 47단 더 뜨고 마무리한다.

【앞판】

❶ 3.5mm 줄바늘에 흔들코 96코를 만들어 2코 고무뜨기로 22단을 뜨고, 5mm 줄바늘로 바꾸어 무늬뜨기 A로 80단을 뜬다.

❷ ❶번이 끝나면 소매둘레를 만드는데 양옆 가장자리를 각각 6코 막음한 뒤 2단마다 3코, 2코, 1코 순으로 줄여 72코가 되게 하여 22단 더 뜨고 앞목둘레를 만든다.

❸ 앞목둘레는 가운데 중심에 18코를 막음하고 가운데 중심 양옆 가장자리를 각각 2단마다 4코, 3코, 2코, 1코 순으로 줄여 어깨코를 각각 17코가 되게 하여 23단 더 뜬 후 뒤판 어깨에 마주 붙인다.

❹ 목둘레는 3.5mm 줄바늘로 112코를 주어 2코 고무뜨기로 10단 뜬 뒤, 돗바늘로 마무리한다.

❺ 각 소매단도 3.5mm 줄바늘로 114코를 주어 2코 고무뜨기로 8단 뜬 뒤, 돗바늘로 마무리한다.

❻ 모두 끝나면 돗바늘로 옆솔기를 붙여 조끼를 완성한다.

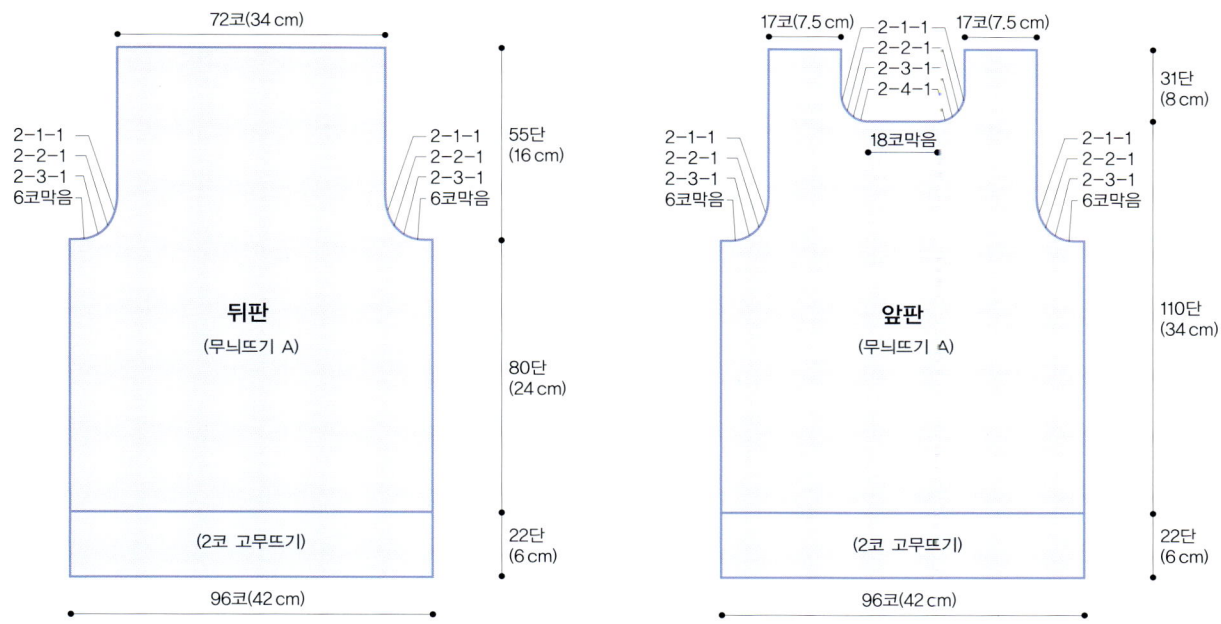

뒤판
(무늬뜨기 A)

72코(34 cm)

2-1-1
2-2-1
2-3-1
6코막음

2-1-1
2-2-1
2-3-1
6코막음

55단
(16 cm)

80단
(24 cm)

(2코 고무뜨기)

22단
(6 cm)

96코(42 cm)

앞판
(무늬뜨기 A)

17코(7.5 cm)   2-1-1
2-2-1
2-3-1
2-4-1   17코(7.5 cm)

18코막음

2-1-1
2-2-1
2-3-1
6코막음

2-1-1
2-2-1
2-3-1
6코막음

31단
(8 cm)

110단
(34 cm)

(2코 고무뜨기)

22단
(6 cm)

96코(42 cm)

🌀 **무늬뜨기**

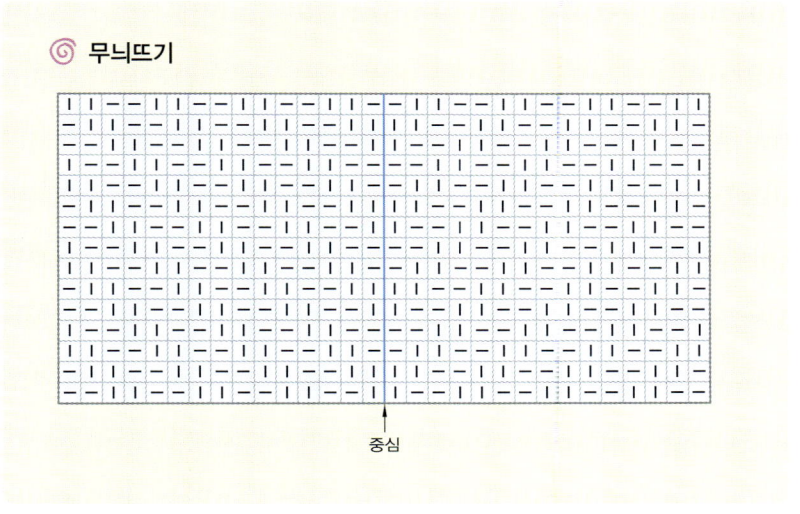

중심

앞 판

2

knit for baby & kids

베이지색 티셔츠

1. 라운드 넥 부분의 손뜨개
2. 소매 밑단은 1코 고무뜨기로 뜬다.
3. 몸판 밑단은 1코 고무뜨기로 뜬다.
4. 몸판 무늬뜨기

베이지색 티셔츠

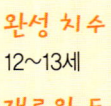

완성 치수
12~13세

재료와 도구
실   로덴(베이지색)
바늘   3.5mm 줄바늘, 6mm 줄
        바늘, 돗바늘

 뜨는 방법

【뒤판】

❶ 3.5mm 줄바늘에 흔들코 79코를 만들어 1코 고무뜨기로 18단을 뜬 뒤, 6mm 줄바늘로 바꾸어 84코가 되게 늘려준다.

❷ ❶번이 끝나면 뒤판 도안대로 무늬뜨기하여 60단 뜬 뒤 소매둘레를 만드는데, 양옆 가장자리를 각각 7코 막음한 뒤 2단마다 3코, 2코, 1코-2회 순으로 줄여 56코가 되게 하고 33단 더 뜬 후 마무리한다.

【앞판】

❶ 3.5mm 줄바늘에 흔들코 79코를 만들어 1코 고무뜨기로 18단을 뜬 뒤, 6mm 줄바늘로 바꾸어 84코가 되게 늘려준다.

❷ ❶번이 다 되면 앞판 도안대로 무늬뜨기하여 60단 뜬 뒤 소매둘레를 만드는데, 양옆 가장자리를 각각 7코 막음한 뒤 2단마다 3코, 2코, 1코-2회 순으로 줄여 56코가 되게 하여 22단 더 뜨고 앞목둘레를 만든다.

❸ 앞목둘레는 가운데 중심에 16코를 막음한 뒤 그 중심 양옆 가장자리를 2단마다 3코, 2코, 1코 순으로 줄여 양 어깨코가 각각 14코가 되게 만들고, 9단 더 떠서 뒤판 어깨와 마주 붙인다.

❹ 옆솔기는 돗바늘로 붙여준다.

❺ 목단은 3.5mm 줄바늘로 92코를 주어 1코 고무뜨기를 10단 뜨고, 돗바늘로 마무리한다.

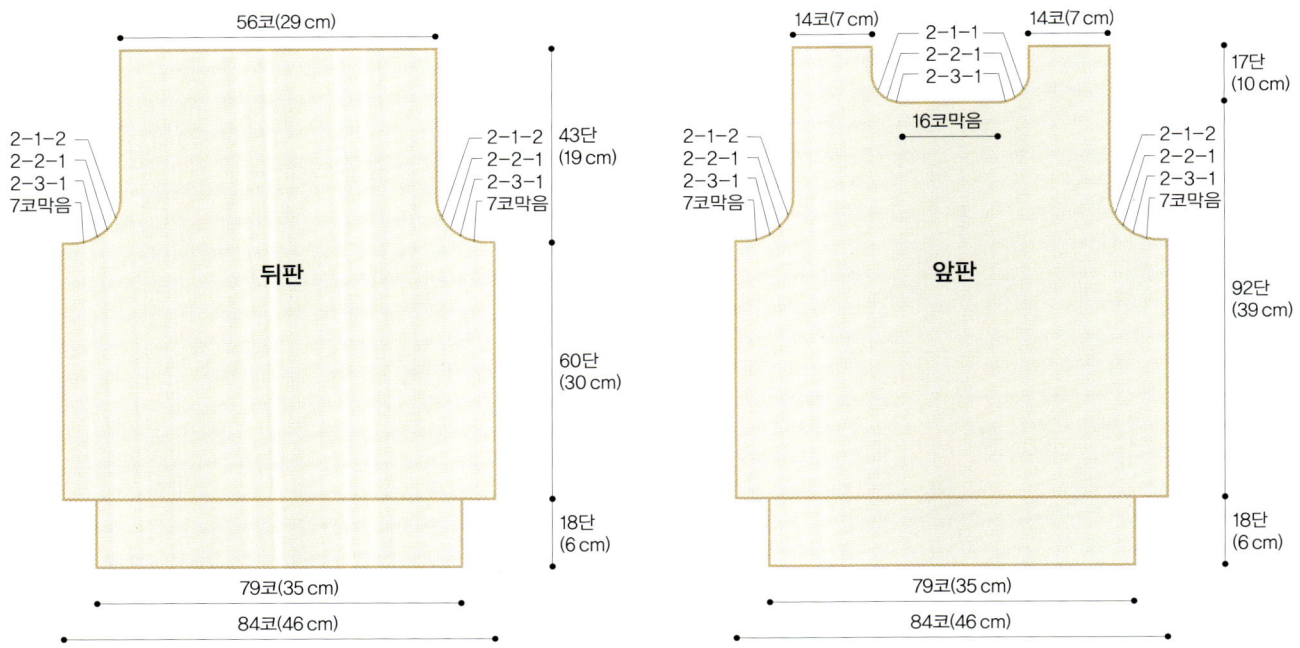

뒤 판

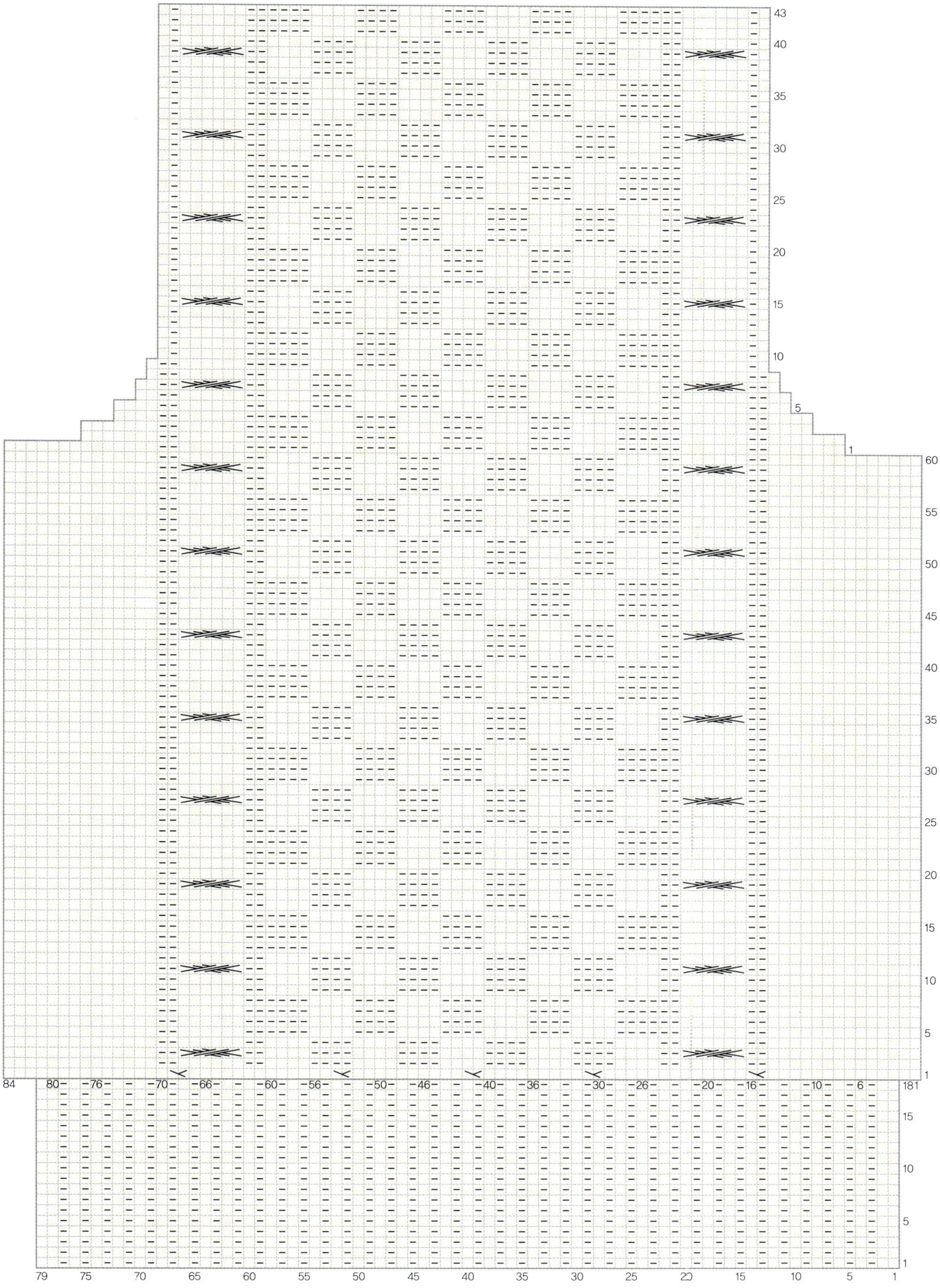

105

앞판

🧶 소매

1. 3.5mm 줄바늘에 흔들코 45코를 만들어 1 코 고무뜨기로 18단을 뜨고, 6mm 줄바늘 로 바꾸어 54코가 되게 늘려준다.

2. 1번이 끝나면 소매 도안대로 무늬뜨기하 는데 평 12단 뜬 뒤 8단마다 양옆 가장자 리에서 각 1코씩 늘리기 6회 하며 60단 뜨 고, 소매산을 만든다.

3. 소매산은 양옆 가장자리를 각각 4코 막음 한 뒤 2단마다 2코, 1코–8회, 2코, 3코 순 으로 줄인 뒤 막음코로 마무리한다.

4. 똑같이 한 장 더 떠서 옆솔기는 돗바늘로 붙여주고, 몸판에 달아 완성한다.

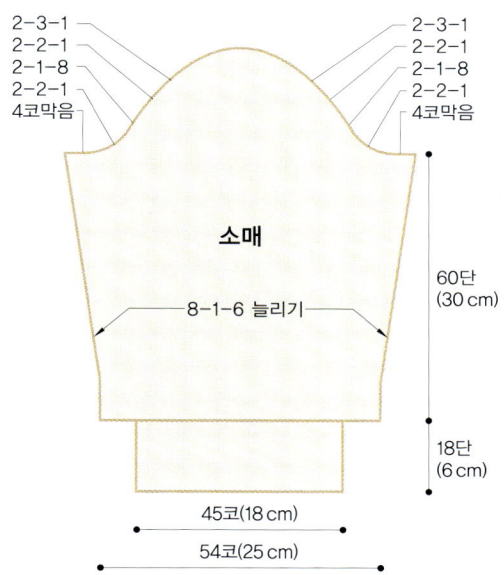

2-3-1
2-2-1
2-1-8
2-2-1
4코막음

2-3-1
2-2-1
2-1-8
2-2-1
4코막음

소 매

8-1-6 늘리기

60단
(30 cm)

18단
(6 cm)

45코(18 cm)
54코(25 cm)

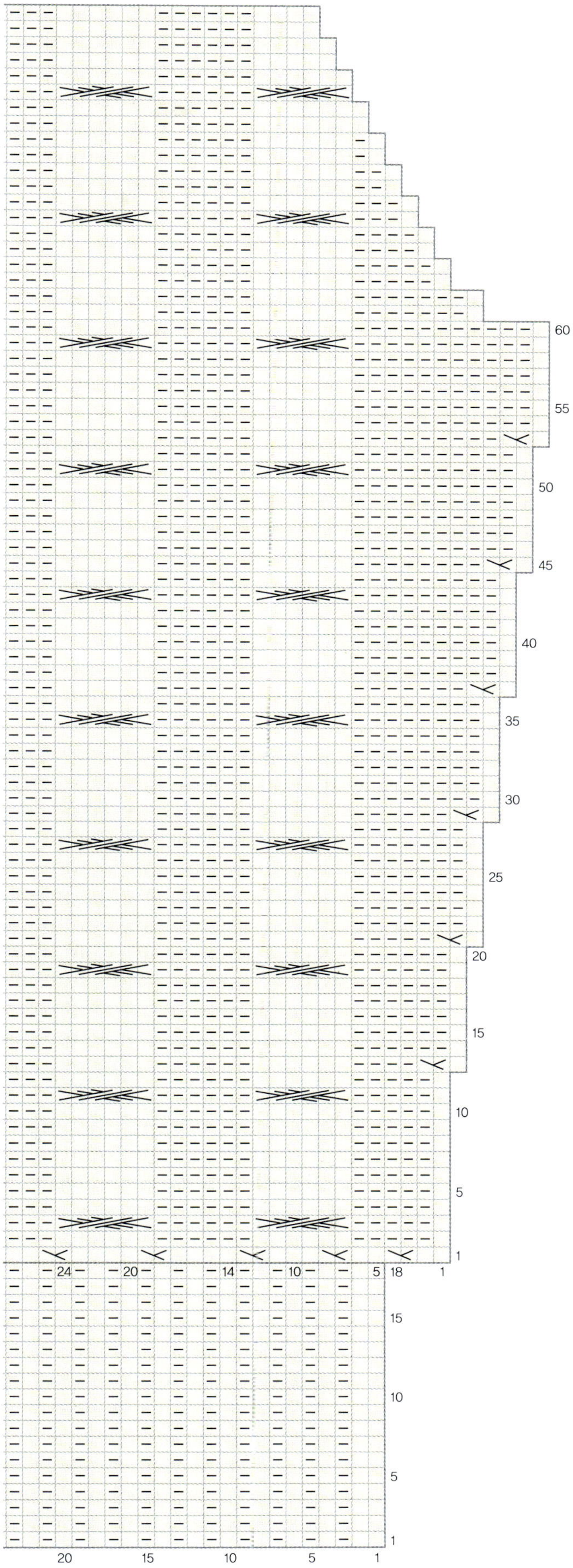

3

knit for baby & kids

파란색 후드 코트

1. 앞중심에 코바늘로 뒤돌아짧은뜨기하고 지퍼를 달아준다.
2. 모자 손뜨개 부분
3. 밑단은 가터뜨기로 뜬다.
4. 소매 밑단은 1코 고무뜨기로 뜬다.

파란색 후드 코트

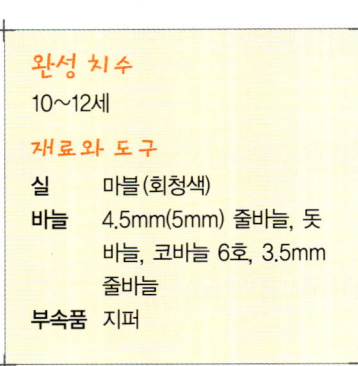

 뜨는 방법

【뒤판】

1. 흔들코 114코를 만들어 가터뜨기 10단을 뜬다.

2. ❶번이 끝나면 무늬뜨기 A(15코), 무늬뜨기 B(34코), 무늬뜨기 A(16코), 무늬뜨기 B(34코), 무늬뜨기 A(15코)를 배치하여 100단을 뜬 뒤, 소매둘레를 만든다.

3. 소매둘레는 양옆 가장자리를 각각 9코 막음한 뒤 2단마다 3코, 2코, 1코 순으로 줄여 84코가 되게 하여 39단 더 뜬다.

【앞판】

1. 흔들코 61코를 만들어 가터뜨기 10단을 뜨고, 무늬뜨기 A(15코), 무늬뜨기 B(34코), 무늬뜨기 A(8코), 무늬뜨기 C(4코) 순으로 배치하여 100단을 뜬다.

2. ❶번이 끝나면 소매둘레를 만드는데 무늬뜨기 A(15코) 쪽으로 먼저 9코 막음한 뒤 단마다 3코, 2코, 1코 순으로 줄여 46코를 39단 더 떠서 어깨코 18코만 뒤판에 마주 붙인다.

3. 반대쪽 앞판은 무늬뜨기 C(4코), 무늬뜨기 A(8코), 무늬뜨기 B(34코), 무늬뜨기 A(15코) 순으로 배치하여 뜬다.

완성 치수
10~12세

재료와 도구
실	마블(회청색)
바늘	4.5mm(5mm) 줄바늘, 돗바늘, 코바늘 6호, 3.5mm 줄바늘
부속품	지퍼

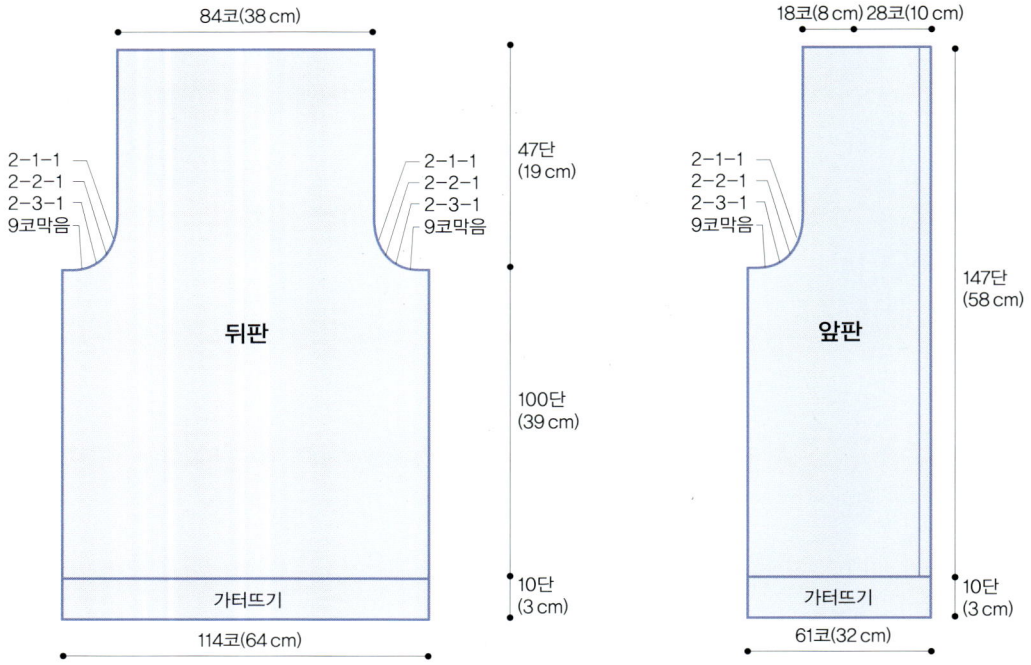

84코(38 cm)

2-1-1
2-2-1
2-3-1
9코막음

2-1-1
2-2-1
2-3-1
9코막음

47단
(19 cm)

뒤판

100단
(39 cm)

10단
(3 cm)

가터뜨기

114코(64 cm)

18코(8 cm) 28코(10 cm)

2-1-1
2-2-1
2-3-1
9코막음

147단
(58 cm)

앞판

10단
(3 cm)

가터뜨기

61코(32 cm)

【소매】

1. 3.5mm 줄바늘에 흔들코 45코를 만들어 1코 고무뜨기로 18단을 뜨고, 4.5mm(5mm) 바늘로 바꾸어 60코가 되게 늘려준다.

2. 소매무늬는 무늬뜨기 A(13코), 무늬뜨기 B(34코), 무늬뜨기 A(13코) 순으로 배치하여 뜨는데, 8단마다 양옆 가장자리에서 1코씩 늘리기 9회 하며 80단을 뜬다.

3. 2번까지 끝이 나면 소매산을 만드는데 양옆 가장자리를 각각 7코 막음한 뒤 2단마다 2코, 1코-10회, 2코, 3코 순으로 줄인 뒤 막음코로 마무리한다.

4. 똑같이 한 장 더 뜬 다음, 옆솔기는 돗바늘로 붙이고, 몸판에 달아준다.

5. 모두 끝나면 코바늘로 앞중심 지퍼 달 곳을 되돌아짧은뜨기로 장식하여 마무리한다.

【모자】

1. 모자는 목둘레코에서 108코가 되게 하고, 무늬뜨기 C(4코), 무늬뜨기 A(8코), 무늬뜨기 B(34코), 무늬뜨기 A(16코), 무늬뜨기 B(34코), 무늬뜨기 A(8코), 무늬뜨기 C(4코) 순으로 배치하여 58단을 떠서 이등분하여 모자 상고 부분을 만든다.

2. 모자의 상고는 이등분한 중심을 기준으로 양옆을 각각 8단마다 1코 줄이기 1회, 2단마다 1코 줄이기 2회, 2단마다 2코 줄이기 1회, 평 1단 뜨고 오픈된 상고 부분을 돗바늘로 붙여준다.

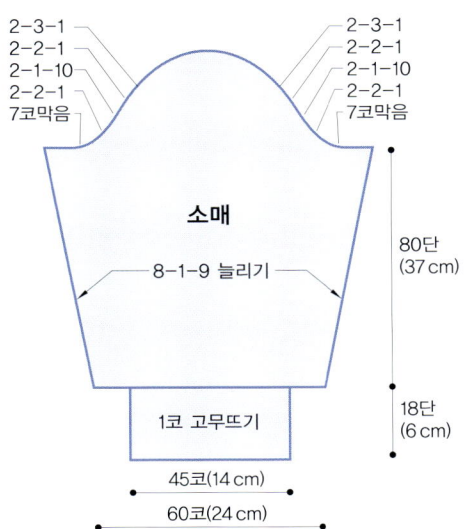

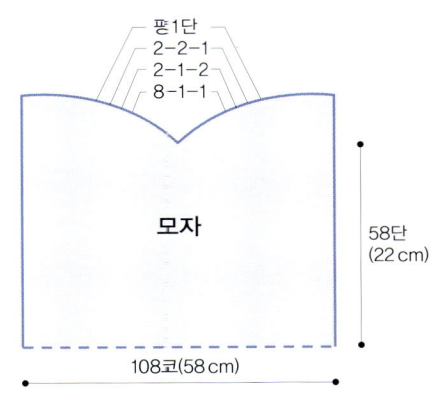

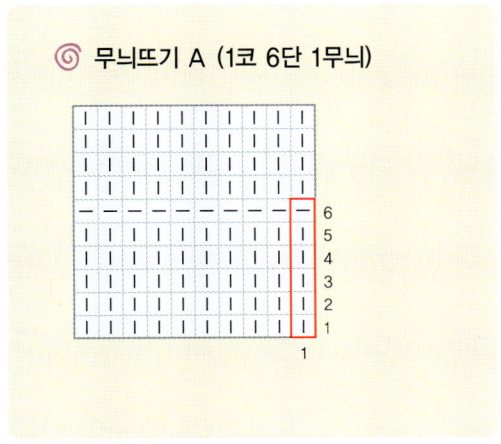

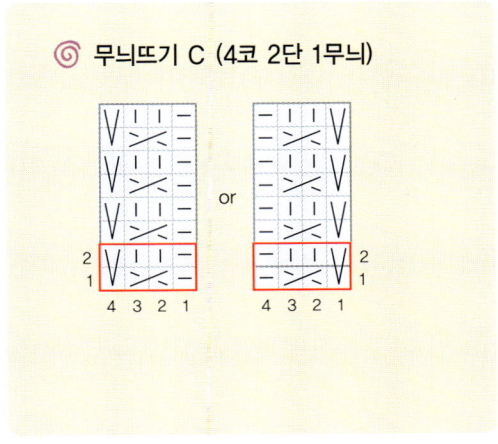

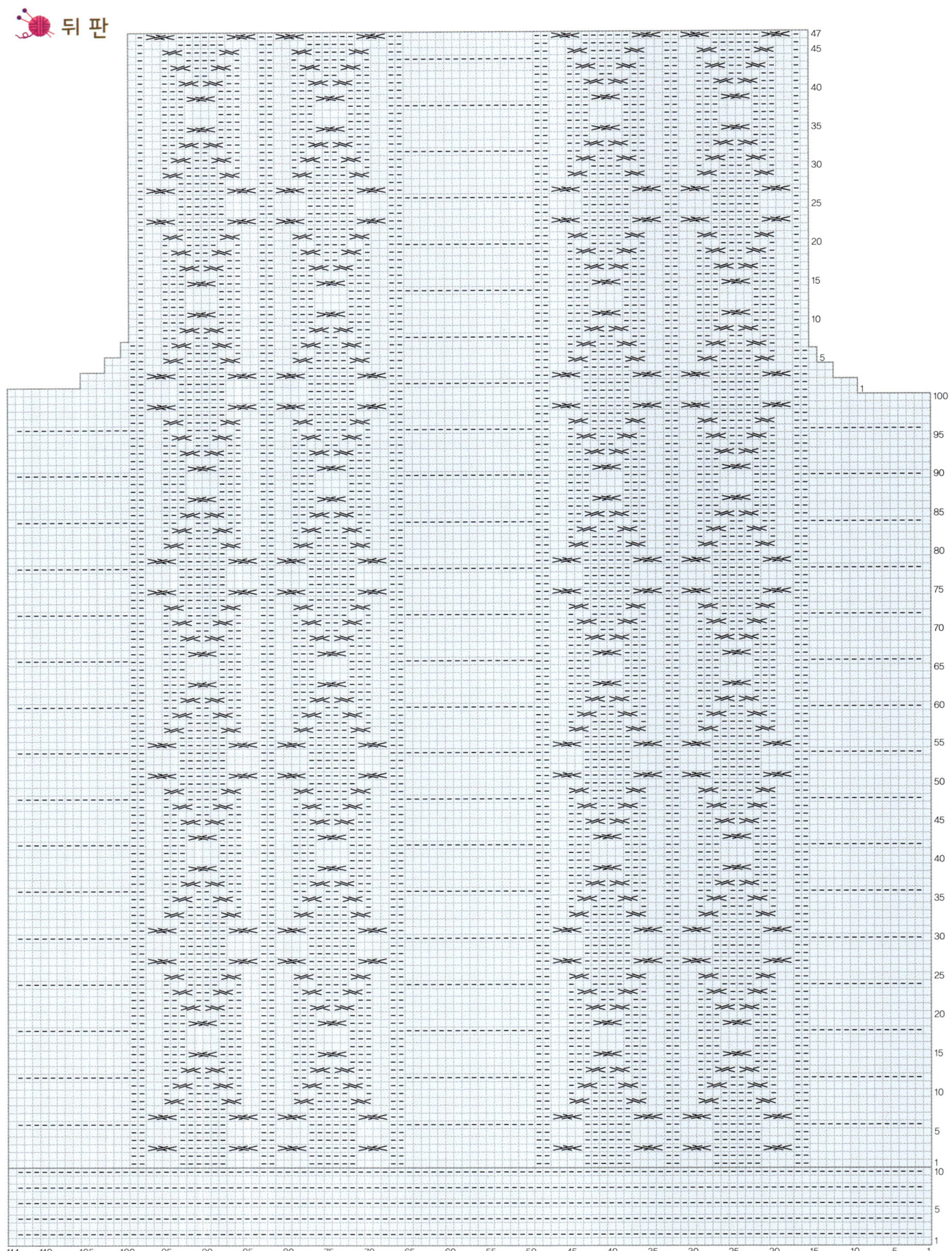

뒤 판

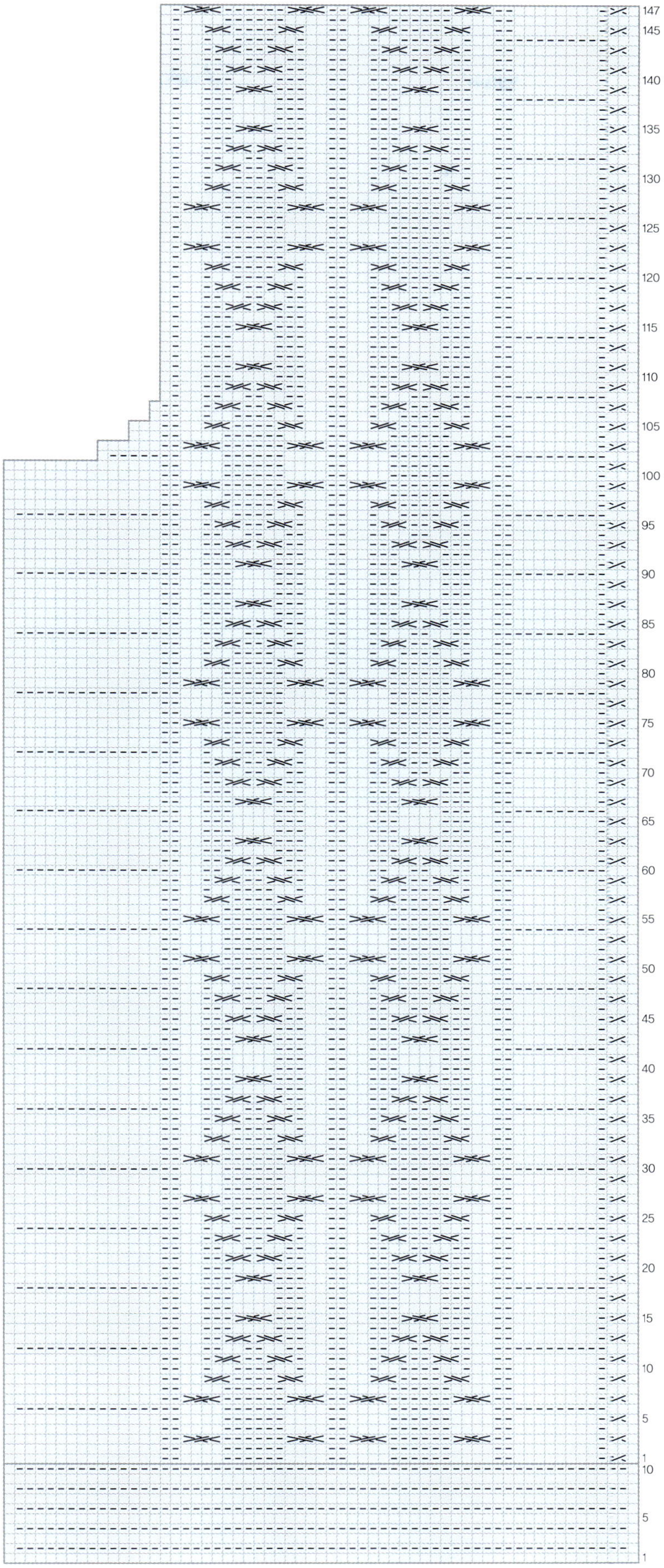

147
145
140
135
130
125
120
115
110
105
100
95
90
85
80
75
70
65
60
55
50
45
40
35
30
25
20
15
10
5
1

10
5
1

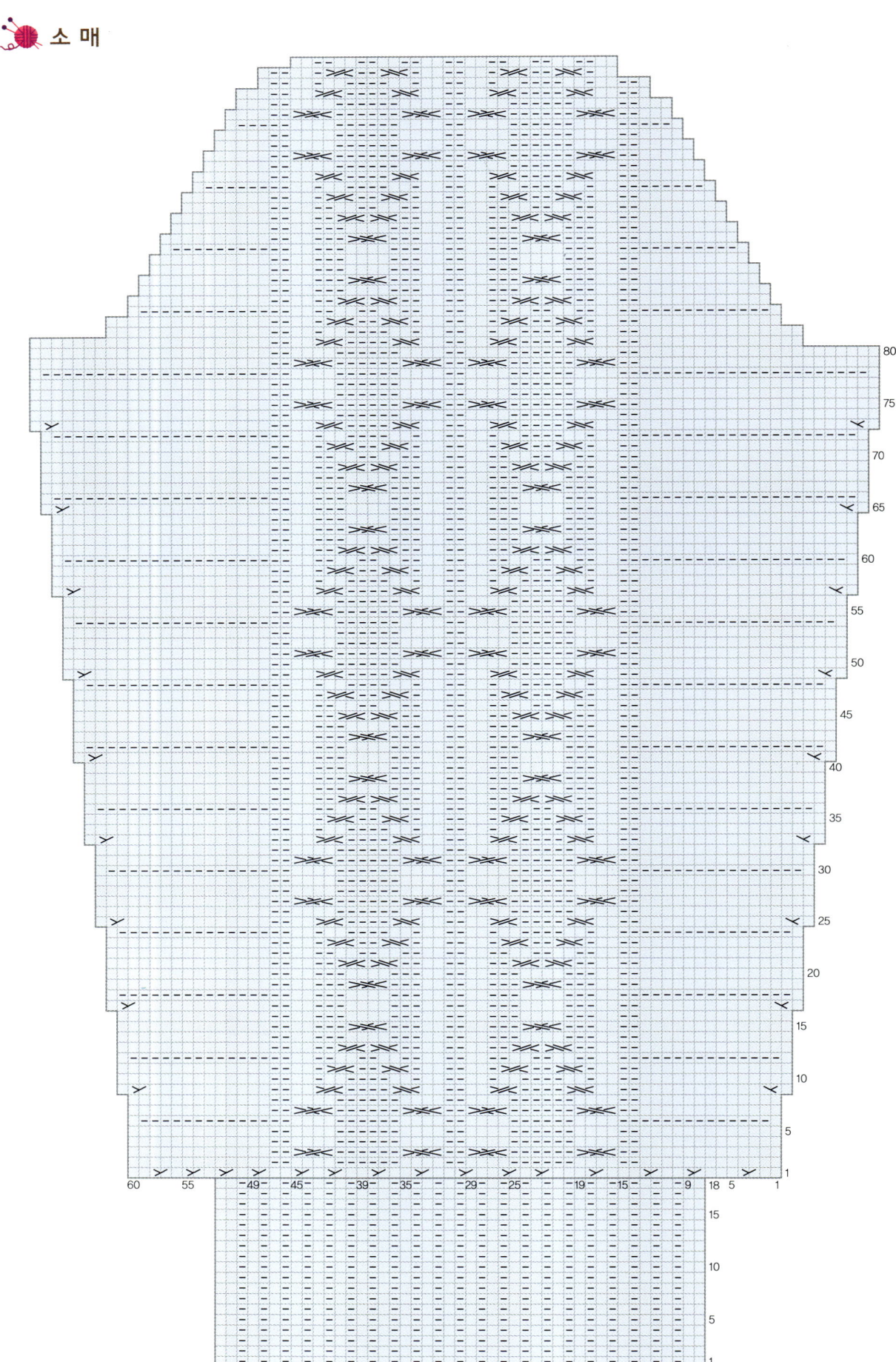

소 매

80
75
70
65
60
55
50
45
40
35
30
25
20
15
10
5
1

60   55   49   45   39   35   29   25   19   15   9 18 5   1

15
10
5
1

114

 모 자

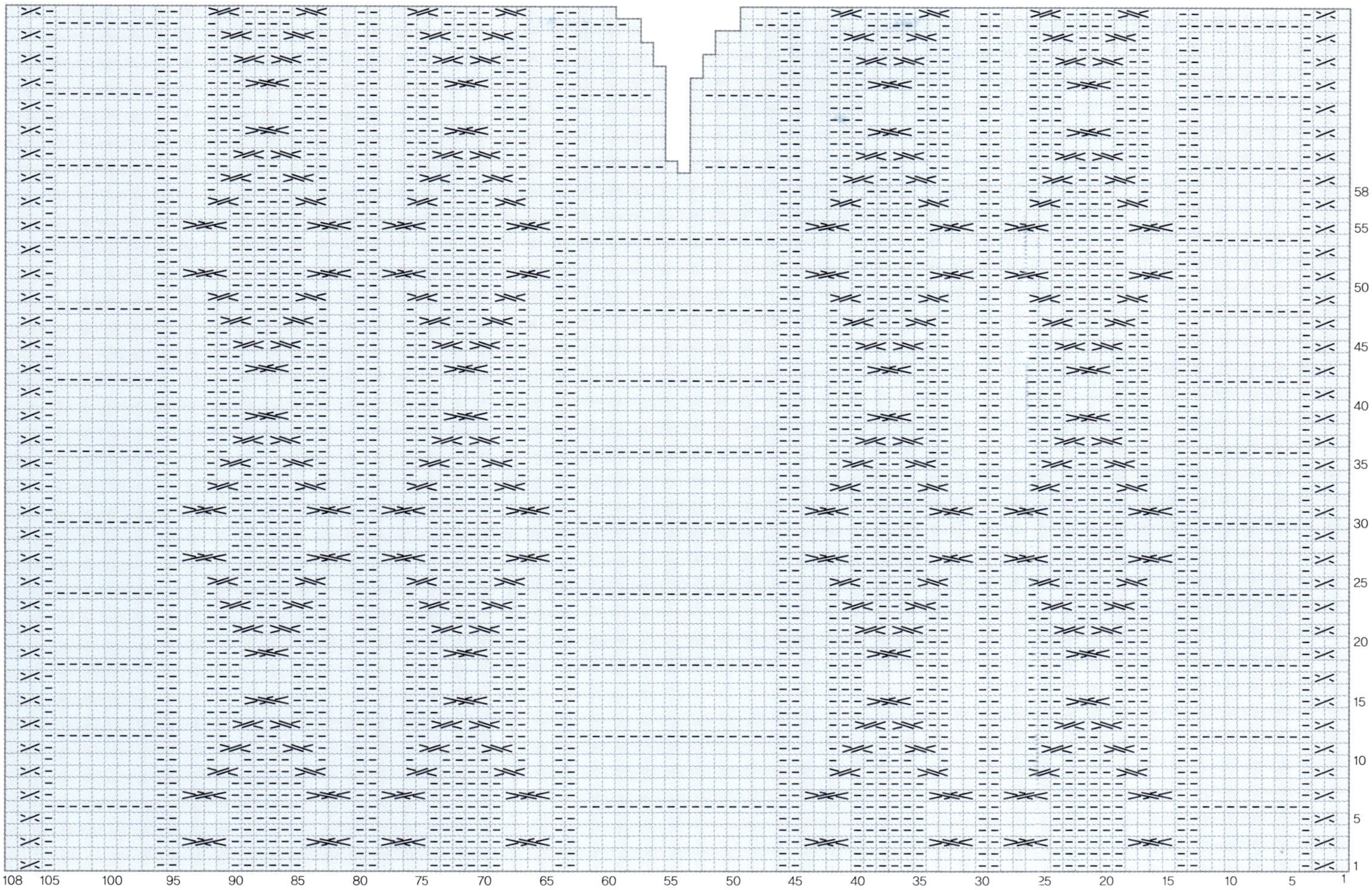

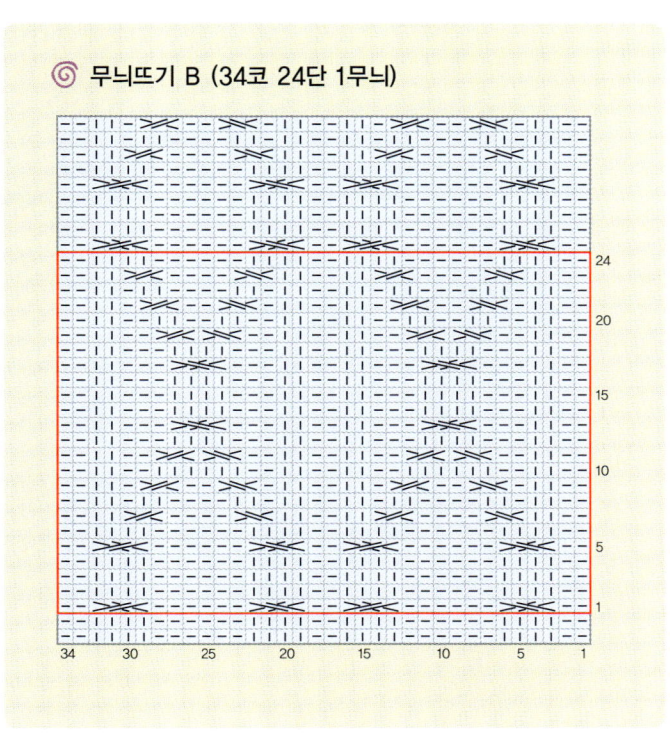

무늬뜨기 B (34코 24단 1무늬)

115

4

knit for baby & kids

체리핑크 코트

1. 목둘레는 라운드로 만든 후 무늬뜨기 A로 단을 뜨고 장식 단추를 단다.
2. 소매 밑단은 무늬뜨기 A로 뜬다.
3. 몸판 밑단은 무늬뜨기 A로 뜨고, 앞중심단은 코바늘로 되돌아짧은뜨기로 뜬 뒤 지퍼를 단다.
4. 주머니는 따로 떠서 몸판에 달아준다.

체리핑크 코트

완성 치수
12~13세

재료와 도구
실 로렌(핑크)
바늘 6mm 줄바늘, 돗바늘, 코바늘 6호
부속품 지퍼, 단추 1개

 뜨는 방법

【뒤판】

❶ 기본코 85코를 만들어 무늬뜨기 A로 10단을 뜨고, 무늬뜨기 B로 120단을 뜬다.

❷ ❶번이 끝나면 소매둘레를 만드는데 양옆 가장자리를 각각 5코 막음한 뒤 2단마다 3코, 2코, 1코-2회 순으로 줄여 61코가 되게 한다.

❸ ❷번의 61코를 37단 뜬 뒤, 양 어깨코 각 16코를 4단 더 뜨고 마친다.

【앞판】

❶ 기본코 48코를 만들어 무늬뜨기 A로 10단을 뜨고, 그 다음부터 무늬뜨기 B로 뜨는데 앞중심선 쪽에는 2코 꼬아뜨기를 넣어 지퍼를 달 단을 만든다.

❷ 소매둘레는 무늬뜨기 120단을 뜬 후 옆솔기 쪽으로 5코 막음한 뒤 2단마다 3코, 2코, 1코-2회 순으로 줄여 36코를 20단 뜬 뒤 앞목둘레를 만든다.

❸ 앞목둘레는 먼저 10코 막음한 뒤 2단마다 4코, 3코, 2코, 1코 순으로 줄여 어깨코가 16코 되게 하여 11단 더 뜬 뒤, 뒤판 어깨코와 마주붙이고, 옆솔기는 돗바늘로 붙인다.

❹ 주머니는 흔들코 25코를 만들어 무늬뜨기 A로 10단을 뜨고 무늬뜨기 B로 32단 뜬 다음 막음코로 마무리한 후, 돗바늘로 앞판에 붙여준다.

【소매】

❶ 흔들코 41코를 만들어 무늬뜨기 A로 10단을 뜨고, 무늬뜨기 B로 68단을 뜨는데 평 6단 뜬 뒤 8단마다 양옆 가장자리에서 각 1코씩 늘리기 8회 하면서 68단을 뜬다.

❷ ❶번이 끝나면 소매산을 만드는데 먼저 4코 막음한 뒤 2단마다 3코, 2코, 1코-10회, 2코 순으로 줄이고, 나머지 코는 막음코로 마무리한다.

❸ 옆솔기를 돗바늘로 붙인 다음, 몸판에 붙여준다.

❹ 똑같이 한 장 더 떠서 몸판에 붙여준다.

【단뜨기】

❶ 목단은 목둘레에 77코를 주어 8코 걸림코를 만든 후 85코를 목단 콧수로 하여 무늬뜨기 A로 12단을 뜬 뒤, 돗바늘로 마무리한다.

❷ 걸림코 8코 만든 곳에서 단춧구멍을 1개 만들어 준다.

❸ 앞중심단과 밑단의 끝부분은 코바늘로 되돌아짧은뜨기하여 장식 마무리한다.

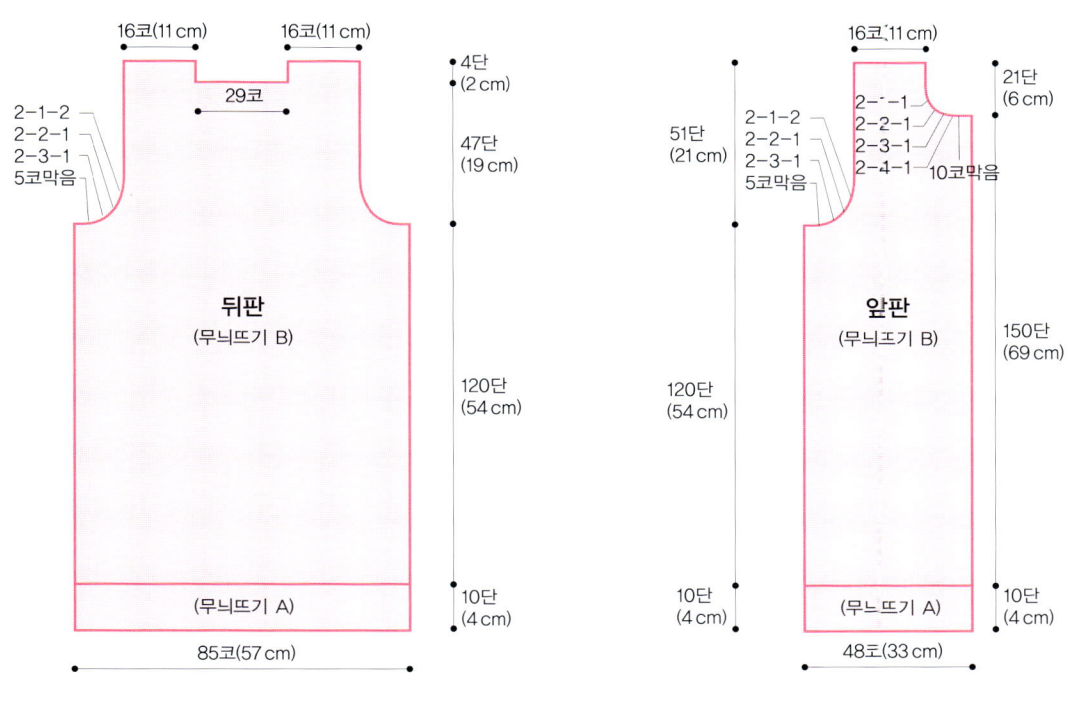

뒤판
(무늬뜨기 B)

16코(11 cm) 16코(11 cm)

29코

2-1-2
2-2-1
2-3-1
5코막음

4단
(2 cm)

47단
(19 cm)

120단
(54 cm)

(무늬뜨기 A)

10단
(4 cm)

85코(57 cm)

앞판
(무늬뜨기 B)

16코(11 cm)

2-□-1
2-1-2   2-2-1
2-2-1   2-3-1
2-3-1   2-4-1
5코막음   10코막음

51단
(21 cm)

21단
(6 cm)

120단
(54 cm)

150단
(69 cm)

(무늬뜨기 A)

10단
(4 cm)

10단
(4 cm)

48코(33 cm)

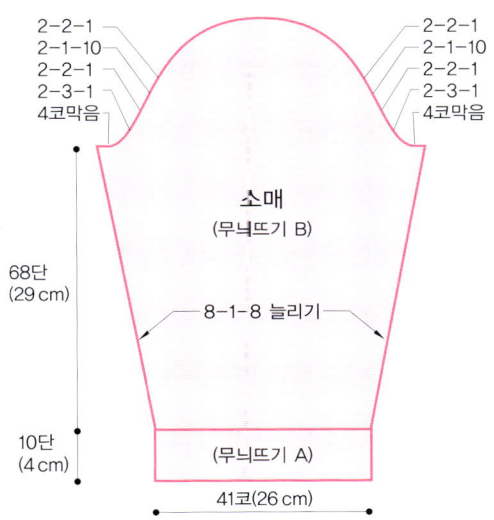

소매
(무늬뜨기 B)

2-2-1   2-2-1
2-1-10   2-1-10
2-2-1   2-2-1
2-3-1   2-3-1
4코막음   4코막음

68단
(29 cm)

8-1-8 늘리기

(무늬뜨기 A)

10단
(4 cm)

41코(26 cm)

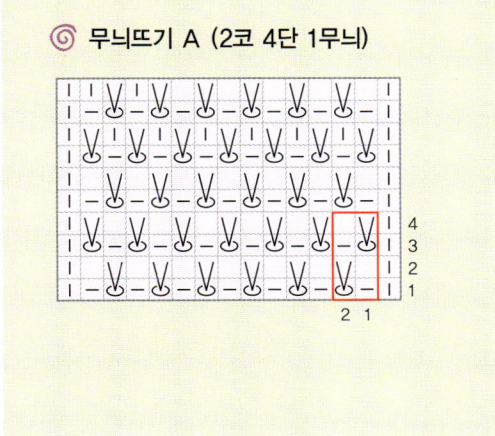

🌀 무늬뜨기 A (2코 4단 1무늬)

4
3
2
1

2 1

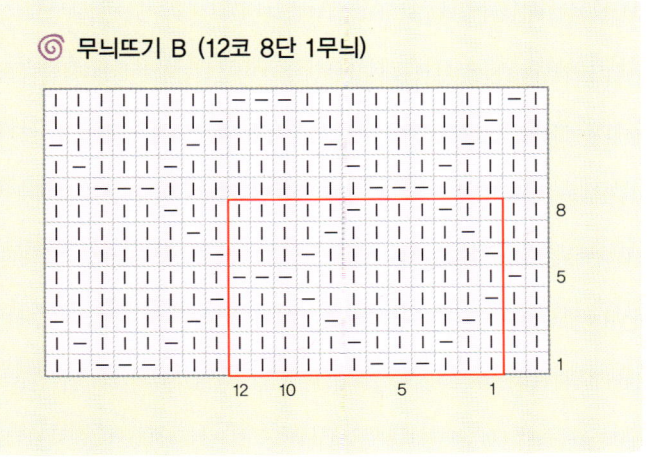

🌀 무늬뜨기 B (12코 8단 1무늬)

8

5

1

12 10   5   1

 앞판

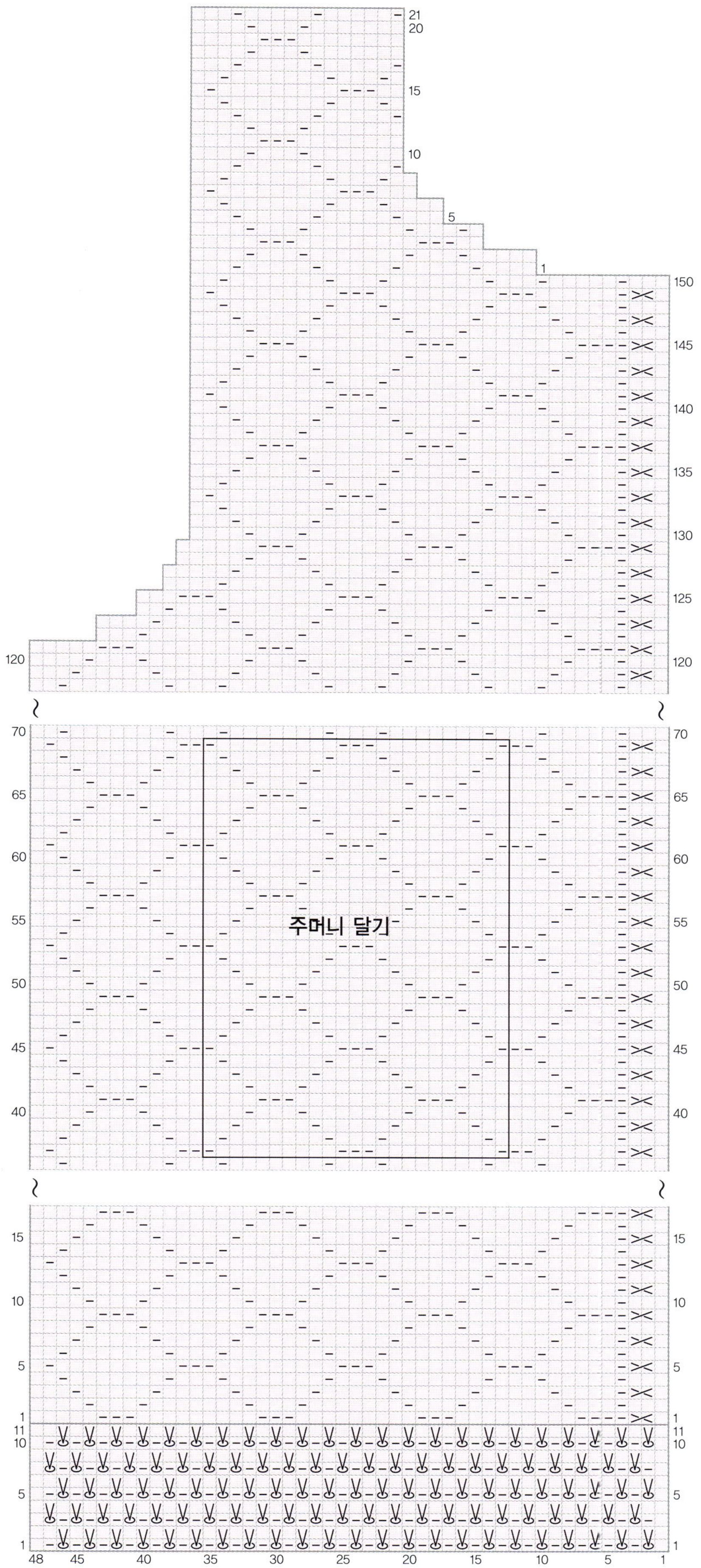

주머니 달기

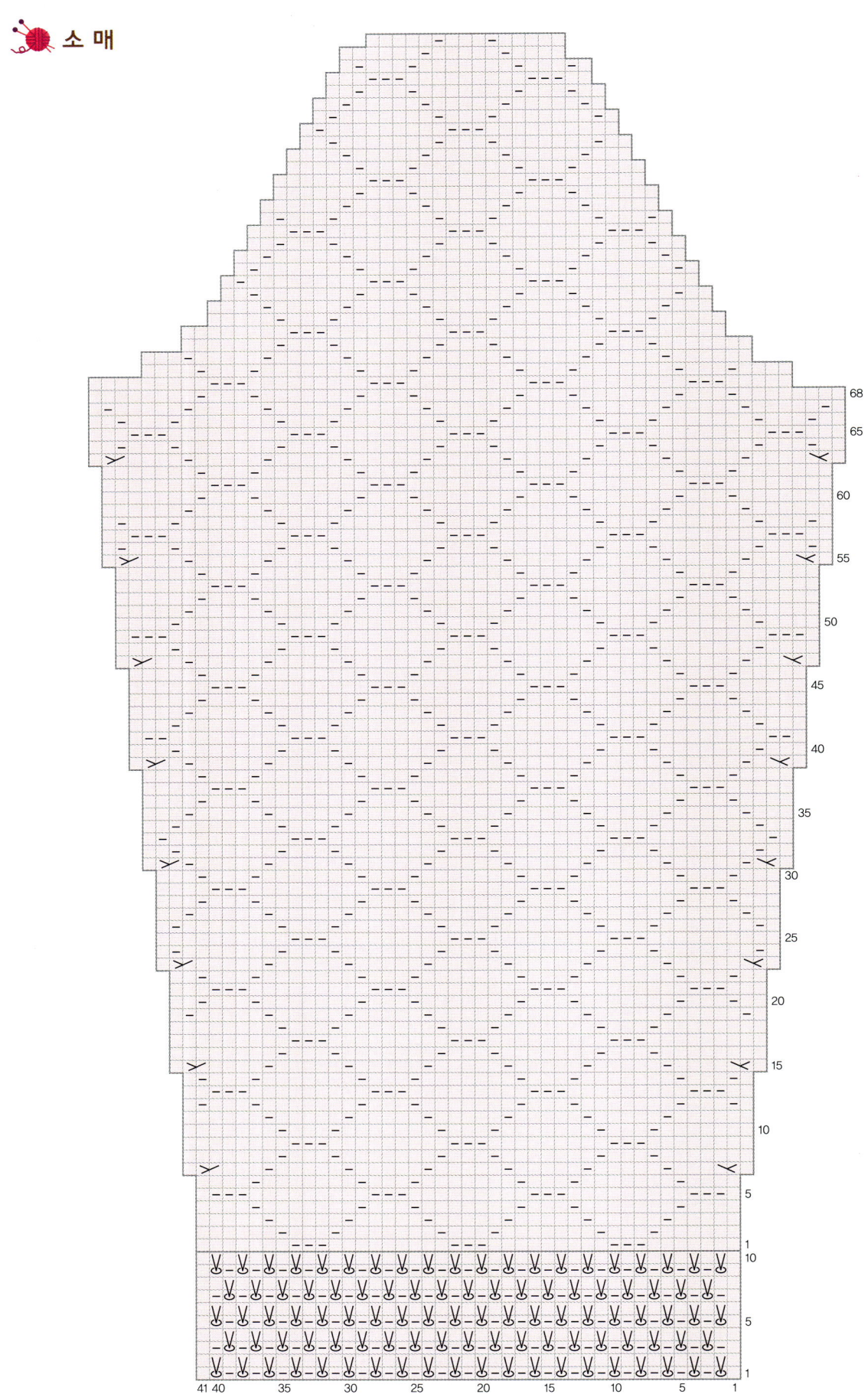

knit for baby & kids

5 knit for baby & kids

점퍼 스커트

1. 라운드 넥은 1코 고무뜨기로 하는데 중간에 색을 넣어 포인트를 준다.
2. 원피스 밑단은 무늬뜨기 A로 뜬다.
3. 원피스 앞판 하단에 색실로 꽃무늬를 넣는다.
4. 원피스 윗부분은 4코 코아뜨기 무늬로 뜨고, 소매는 민소매로 1코 고무뜨기로 뜬다.

점퍼 스커트

 뜨는 방법

【뒤판】

❶ 5mm 줄바늘과 아이보리색 실을 이용해 기본코 129코를 만들어 무늬뜨기 A로 20단을 뜬다.

❷ 뒤판 도안을 참고하여 색을 배색한 후, 양옆 가장자리를 8단마다 각 1코씩 줄이기 6회 하여 117코가 되게 하고, 무늬뜨기 B로 40단을 뜨는데 가운데 중심에 1코를 줄여 116코를 만들어 뜬다.

❸ 무늬뜨기 B로 40단을 뜬 다음 소매둘레를 만드는데 양옆 가장자리를 각각 10코 막음한 뒤 2단마다 3코, 2코-2회, 1코-2회 순으로 줄여 78코가 되게 하여 33단 뜨고, 뒤목둘레를 만든다.

❹ 뒷목둘레는 뒷중심을 기준으로 20코를 막음하고 그 기준 양옆을 각각 2단마다 4코, 3코, 2코, 1코 순으로 줄여 어깨코가 19코 되면 마무리한다.

【앞판】

❶ 5mm 줄바늘과 아이보리색 실을 이용해 기본코 129코를 만들어 무늬뜨기 A로 20단을 뜬다.

❷ ❶이 끝나면 앞판 도안를 참고하여 색을 배색한 후, 양옆 가장자리를 8단마다 각 1코씩 줄이기 6회 하여 117코가 되게 하고, 무늬뜨기 B로 40단을 뜰 때 가운데 중심에 1코를 줄여 116코를 만들어 뜬다.

❸ 무늬뜨기 B로 40단을 뜬 다음 소매둘레를 만드는데 양옆 가장자리를 각각 10코 막음한 뒤 2단마다 3코, 2코-2회, 1코-2회 순으로 줄여 78코가 되게 하여 26단 뜬 뒤 앞목둘레를 만든다.

❹ 앞목둘레는 중심에 20코를 막음한 뒤 그 중심 양옆 가장자리는 각각 2단마다 4코, 3코, 2코, 1코 순으로 줄여 어깨코가 19코 되게 한 다음 7단 더 떠서, 뒤판 어깨와 마주 붙인다.

【단뜨기】

❶ 목둘레는 3.5mm 줄바늘을 이용해 122코를 주어 아이보리색으로 5단, 빨간색 1단, 아이보리색 1단, 빨간색 1단, 아이보리색 3단을 1코 고무뜨기로 뜬 후, 돗바늘로 마무리한다.

❷ 소매둘레단은 3.5mm 줄바늘을 이용해 119코를 주어 아이보리색으로 4단, 빨간색 1단, 아이보리색 3단을 1코 고무뜨기로 뜬 후, 돗바늘로 마무리하고, 옆솔기도 돗바늘로 붙인다.

❸ 치마 밑단은 코바늘로 되돌아짧은뜨기로 장식해서 마무리한다.

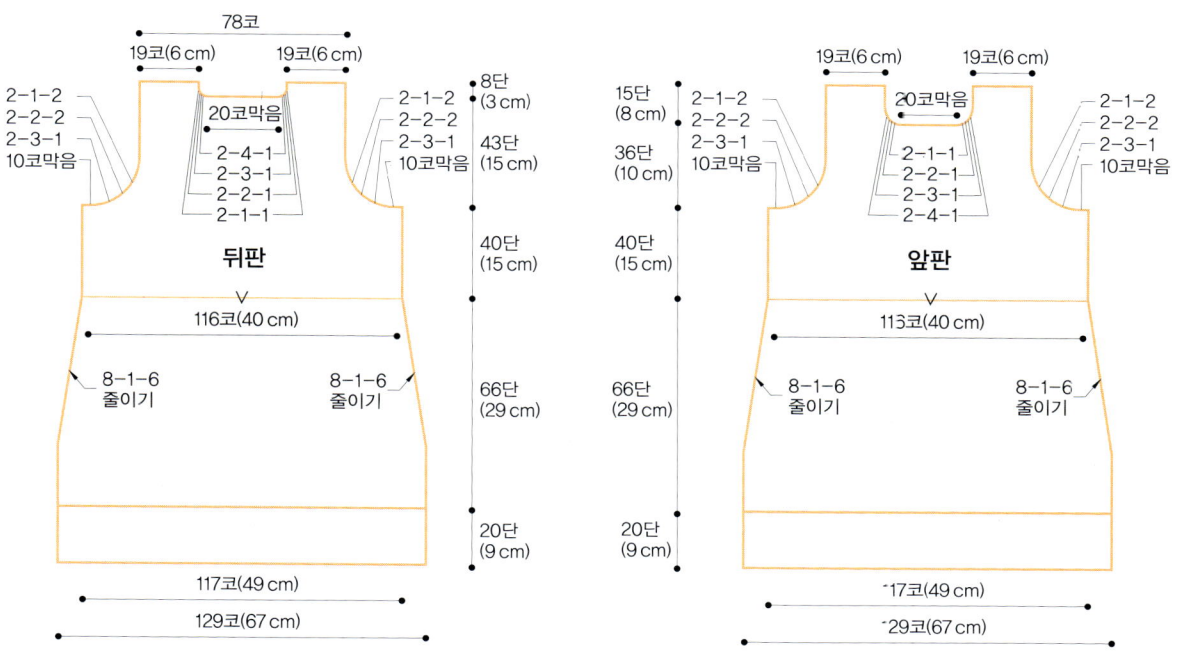

뒤판

78코

19코(6 cm)　　　　19코(6 cm)

2-1-2
2-2-2
2-3-1
10코막음

20코막음

2-4-1
2-3-1
2-2-1
2-1-1

2-1-2
2-2-2
2-3-1
10코막음

8단 (3 cm)

43단 (15 cm)

40단 (15 cm)

116코(40 cm)

8-1-6 줄이기　　　　8-1-6 줄이기

66단 (29 cm)

20단 (9 cm)

117코(49 cm)

129코(67 cm)

앞판

19코(6 cm)　　　　19코(6 cm)

20코막음

2-1-1
2-2-1
2-3-1
2-4-1

15단 (8 cm)

36단 (10 cm)

2-1-2
2-2-2
2-3-1
10코막음

2-1-2
2-2-2
2-3-1
10코막음

40단 (15 cm)

113코(40 cm)

8-1-6 줄이기　　　　8-1-6 줄이기

66단 (29 cm)

20단 (9 cm)

117코(49 cm)

129코(67 cm)

🌀 무늬뜨기 A (14코 20단 1무늬)

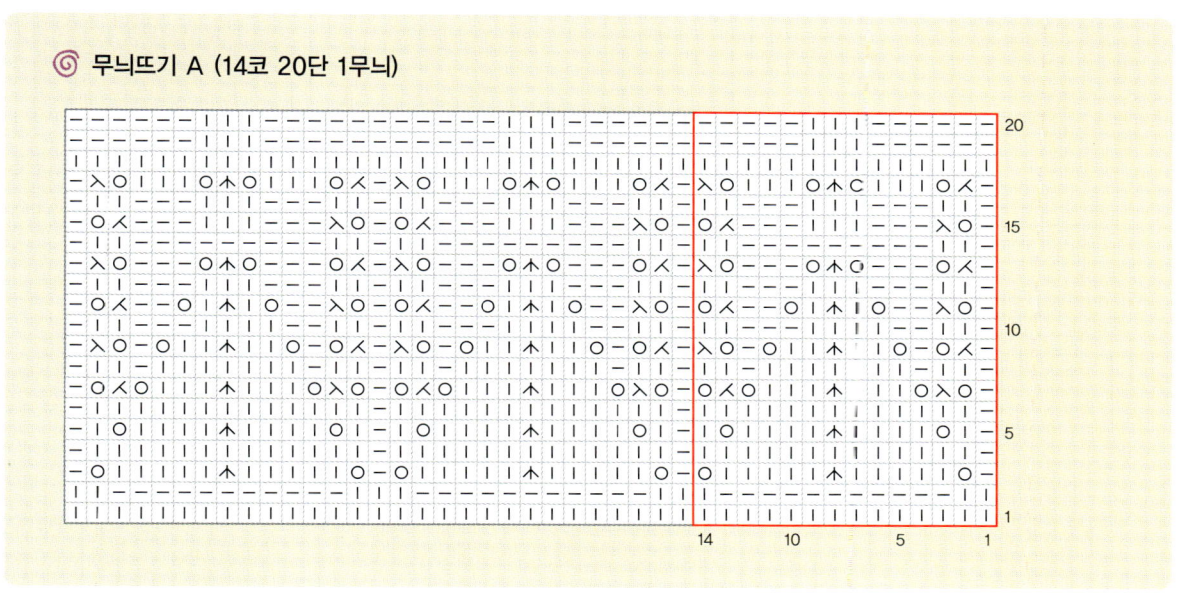

20

15

10

5

1

14　　　10　　　5　　　1

🌀 무늬뜨기 B (6코 6단 1무늬)

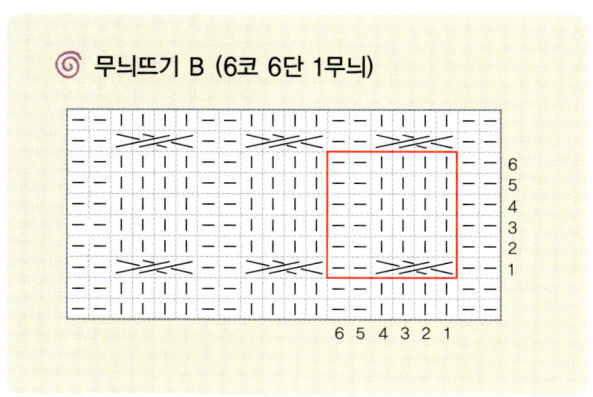

6
5
4
3
2
1

6 5 4 3 2 1

* ☒ : 노랑+반짝이사
  ☐ : 빨강

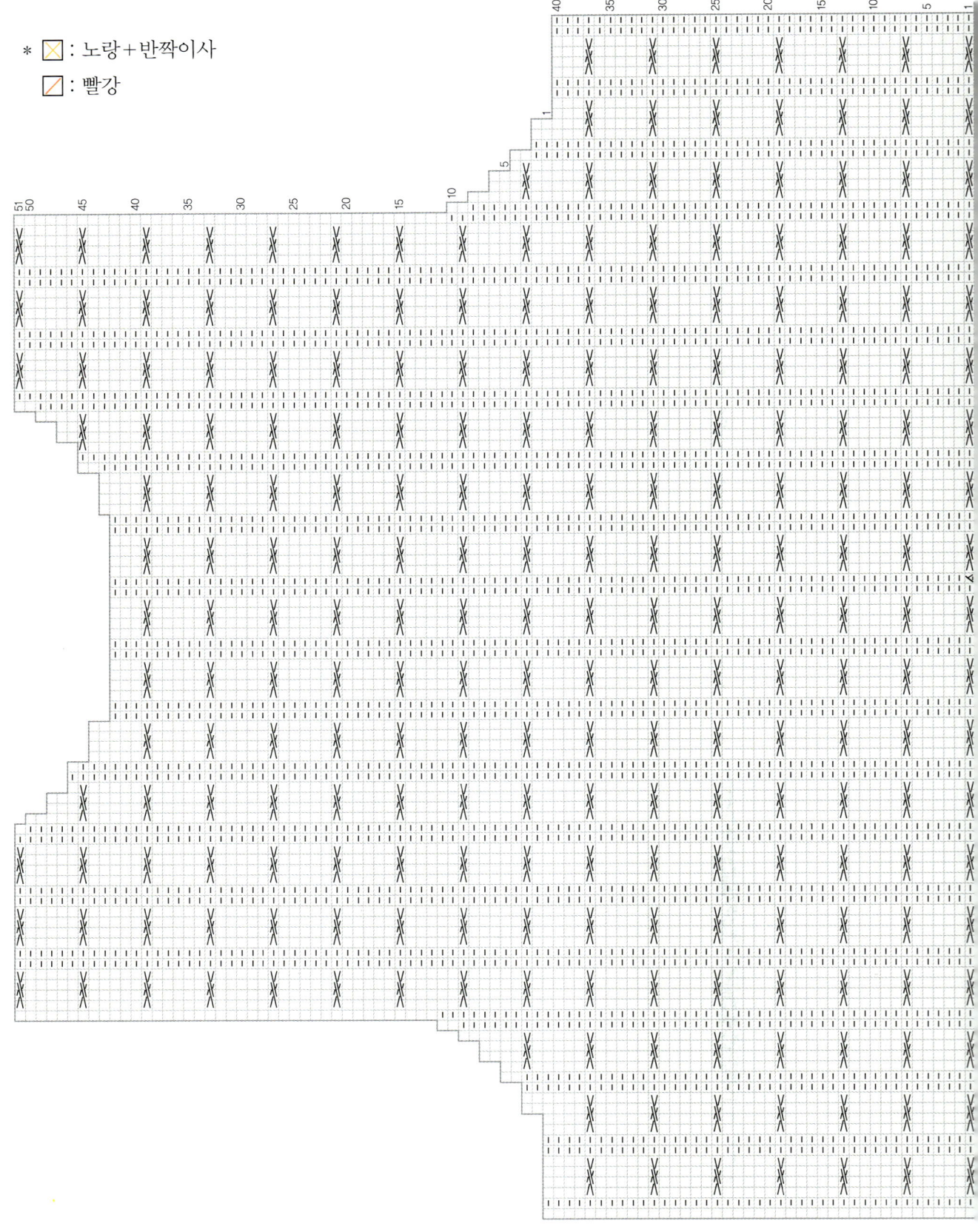

129

* $\boxtimes$: 노랑+반짝이사
  $\square$: 빨강

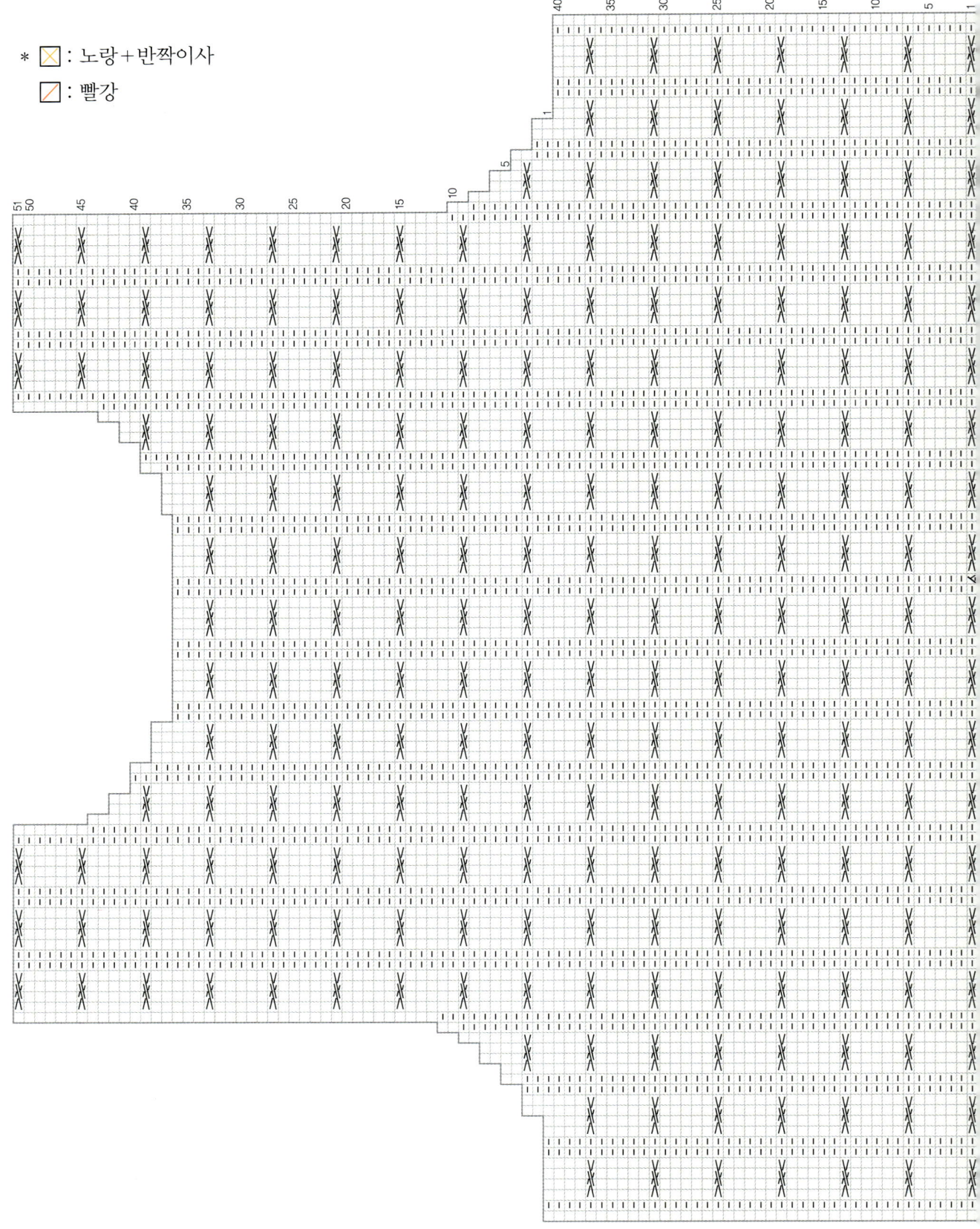

131

Knit

knit for baby & kids

소품 손뜨개

1

knit for baby & kids

아기 모티프 이불

1. 핑크색과 하늘색 모티프를 바둑판 모양으로 배치한다.
2. 이불 모서리 부분 손뜨개

아기 모티프 이불

 뜨는 방법

① 핑크색 실로 모티프 뜨기 60개, 하늘색 실로 모티프 뜨기 60개를 각각 떠서 바둑판처럼 지그재그로 배치하여 붙여 준다.

② 이불 가장자리는 무늬뜨기 A를 떠서 장식하는데 하늘색 실로 2단, 핑크색 실로 2단 떠 준다.

완성 치수
97×123cm

재료와 도구

실　메리노(하늘색, 분홍색)
바늘　코바늘 2호

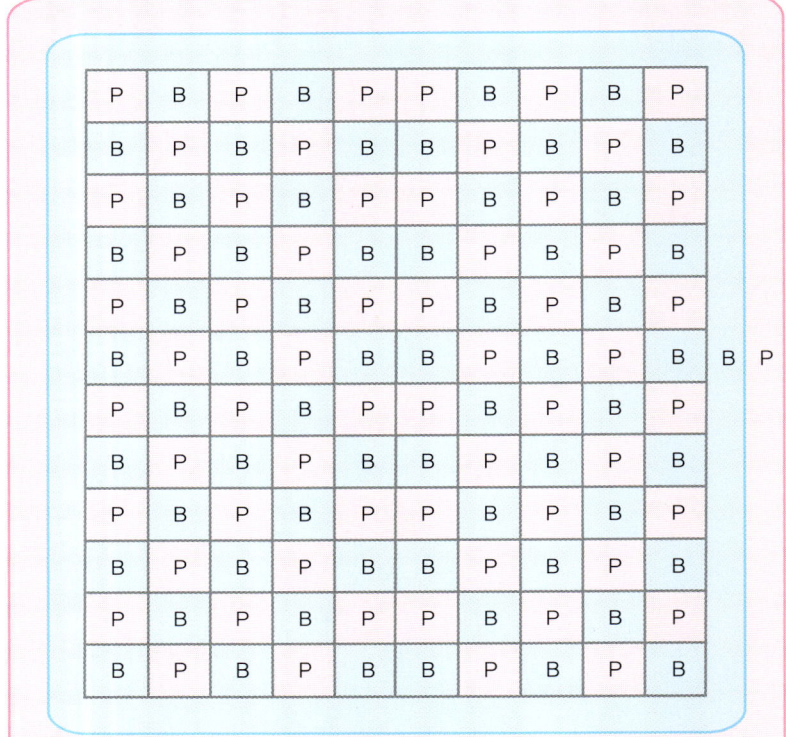

P	B	P	B	P	P	B	P	B	P
B	P	B	P	B	B	P	B	P	B
P	B	P	B	P	P	B	P	B	P
B	P	B	P	B	B	P	B	P	B
P	B	P	B	P	P	B	P	B	P
B	P	B	P	B	B	P	B	P	B
P	B	P	B	P	P	B	P	B	P
B	P	B	P	B	B	P	B	P	B
P	B	P	B	P	P	B	P	B	P
B	P	B	P	B	B	P	B	P	B
P	B	P	B	P	P	B	P	B	P
B	P	B	P	B	B	P	B	P	B

B P

123 cm

97 cm

🧶 모티프 뜨기

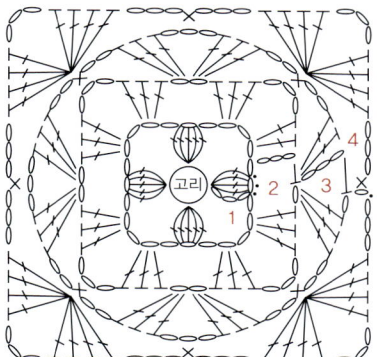

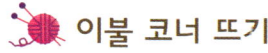

🧶 이불 코너 뜨기

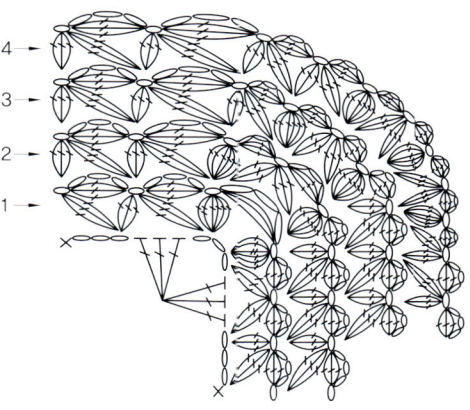

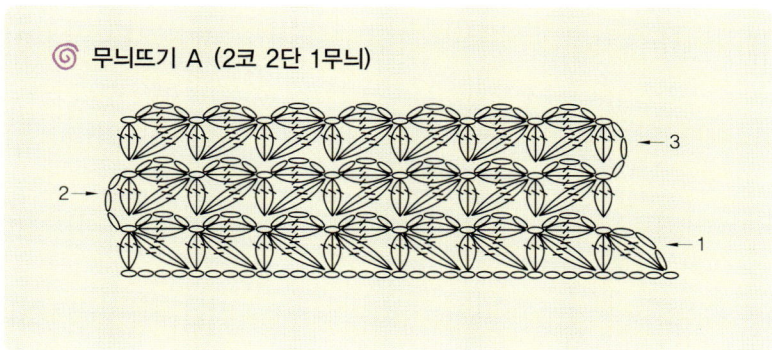

🌀 무늬뜨기 A (2코 2단 1무늬)

2 아기 모자

knit for baby & kids

1. 모자 윗부분의 손뜨개 부분
2. 모자 뒷부분의 손뜨개 부분

아기 모자

뜨는 방법

① 사슬 89코를 만들어 무늬뜨기 A 22무늬를 7단 떠 준다.

② ①을 반으로 접어 중심을 기준으로 무늬뜨기 A 4개로 뒷머리 부분을 만드는데 도안 1처럼 줄이면서 뜬 다음, 옆솔기를 붙여 모자 모양을 만든다.

③ 모자 연결 부위는 무늬뜨기 B로 떠서 장식한다.

④ 무늬뜨기 A로 1단을 전체 돌아가며 떠 주어 장식을 마무리한다.

⑤ 실 4올과 코바늘 5호로 사슬뜨기를 떠서 끈을 만들어 모자 밑부분에 끼워 주고 끝에 방울을 달아 장식한다.

완성 치수
0~1세

재료와 도구
실   메리노 (노란색)
바늘 코바늘 2호, 코바늘 5호

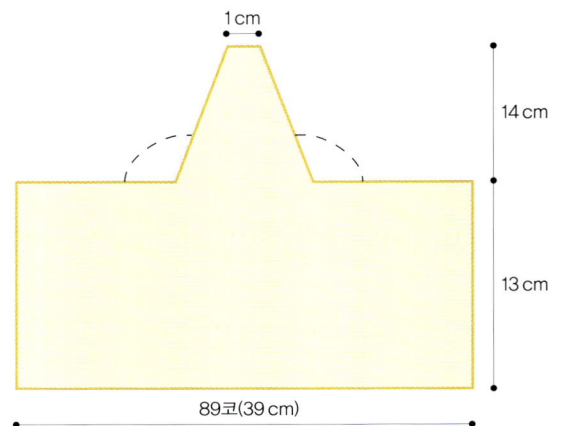

🌀 무늬뜨기 A

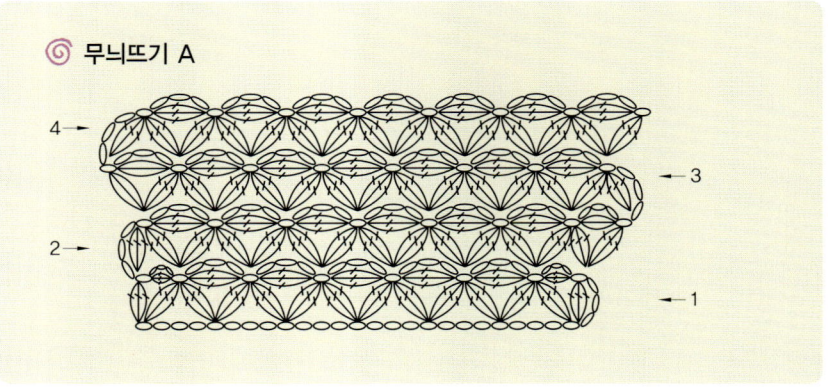

🌀 무늬뜨기 B

도안 1 (뒷머리 부분 뜨기)

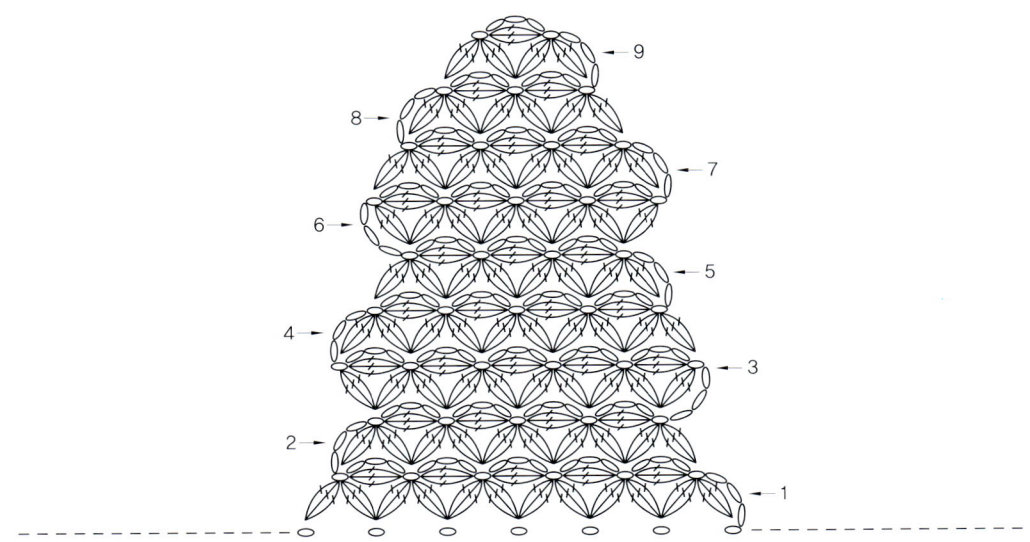

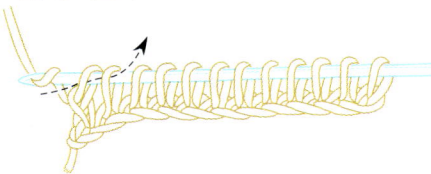

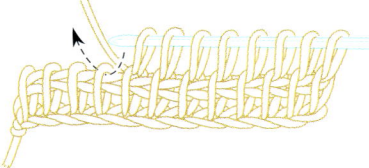
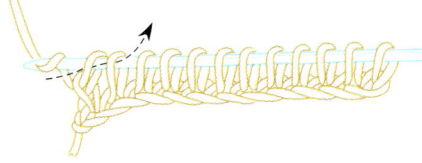

알아두세요

* 아프간뜨기

① 사슬뜨기 후 짧은뜨기 하듯 사슬 고리에 바늘을 끼우고 실을 걸어낸다.

② 2단째는 매듭이 된 코에 바늘을 끼워 실을 걸어낸다.

③ 모든 사슬고리에서 실을 걸어 사슬을 만들어 바늘에 끼운다.

④ 모든 매듭코에서 실을 걸어 코를 만들어 바늘에 끼운다.

⑤ 2코씩 짧은뜨기 하듯 떠서 매듭을 만든다.

⑥ ③과 같이 짧은뜨기 하듯 떠서 매듭을 만든다.

3

아기 양말

1. 양말 발등 부분의 손뜨개
2. 발목 부분의 손뜨개

아기 양말

 뜨는 방법

① 사슬 10코를 만들고 아프간뜨기(141P 참고)로 10단을 뜬다.

② ①번이 다 되면 사슬뜨기 30코를 만들어 고리가 되게 연결하고 짧은 뜨기를 뜨는데 발등 부분 양옆 코너를 2코씩 늘리기 2회 해준다.

③ 8단 정도 짧은뜨기하고 2코씩 늘려주기 했던 두 곳을 기준으로 2코씩 줄이기 5회 하고, 뒤꿈치는 뒤 중심을 2코씩 줄이기 5회 하고, 나머지 코 부분은 안쪽에서 돗바늘로 감침질한다.

④ 발목 부분은 무늬뜨기 A(140P 참고) 3단을 뜨고 마무리한다.

⑤ 실 2올을 코바늘 3호로 사슬뜨기하여 발목 부분에 끼워 리본을 만들고 리본 끝에 방울을 달아 장식한다.

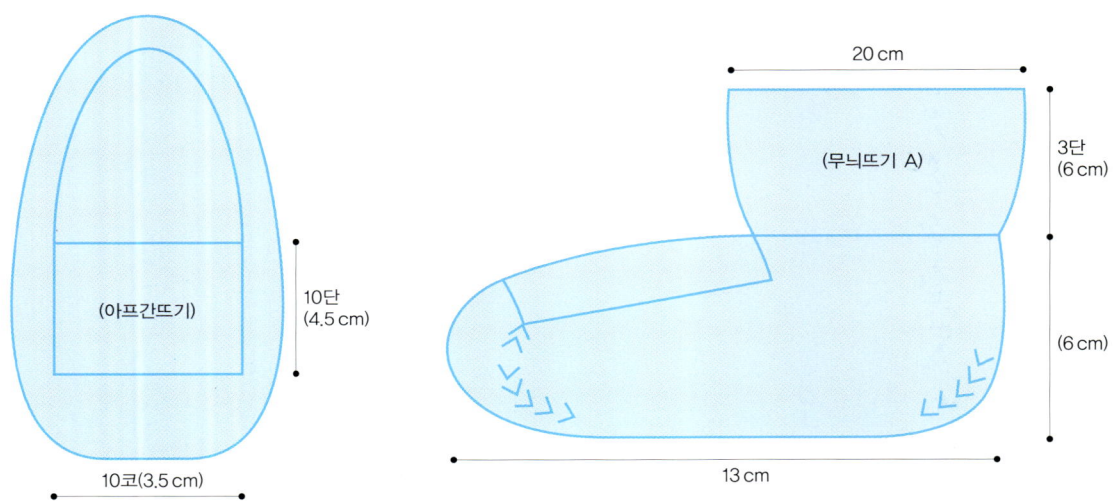

(아프간뜨기) 10단 (4.5 cm)

10코(3.5 cm)

20 cm

(무늬뜨기 A)

3단 (6 cm)

(6 cm)

13 cm

 **발등 코너 늘리기**

발바닥 줄이기

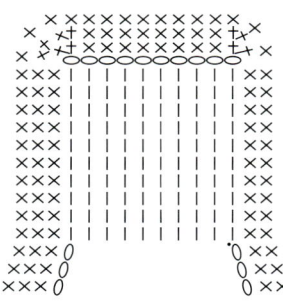

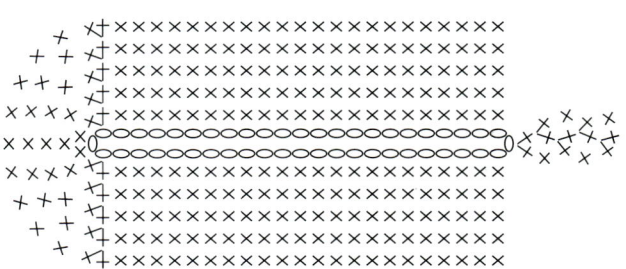

knit for baby & kids

4 주머니 모자

1. 모자 밑단은 2코 고무뜨기로 뜬다.
2. 중간에 방울 달린 끈을 달아 장식한다.

2

주머니 모자

뜨는 방법

완성 치수

φ 16cm

재료와 도구

실 메리트 8P(카키색, 보라색)

바늘 4.5mm 줄바늘, 돗바늘, 코바늘 8호

① 4.5mm 줄바늘과 카키색 실을 이용해 흔들코 120코를 만들어 2코 고무뜨기로 10단을 뜬 뒤, 보라색 실로 바꾸어 12단을 뜬다.

② ①이 끝나면 무늬뜨기 A를 72단 뜨는데 13단을 뜬 다음, 카키색으로 실을 바꿔준다.

③ 무늬뜨기 A로 72단 뜬 후 73단 때에는 15코마다 구멍뜨기를 해서 구멍 8개를 만든다.

④ 구멍 위로 무늬뜨기 A 14단을 뜬 뒤 2코 고무뜨기 6단을 떠서 돗바늘로 마무리한다.

⑤ 보라색 실 4올을 잡아 코바늘 8호로 사슬뜨기해서 끈을 만든 다음 구멍을 낸 곳에 끼워 주머니처럼 묶고 끈 끝에 방울을 만들어 달아준다.

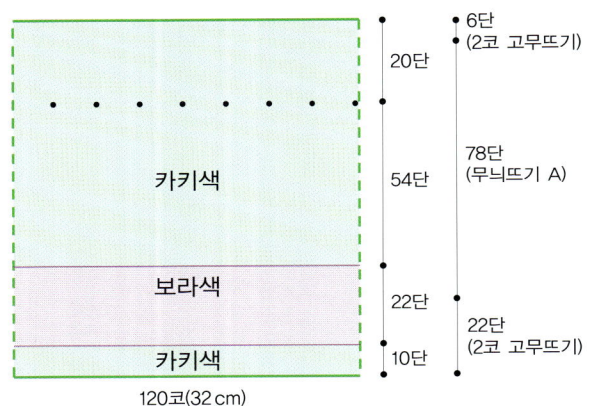

6단
(2코 고무뜨기)
20단

78단
(무늬뜨기 A)
54단

카키색

보라색

22단

22단
(2코 고무뜨기)
10단

카키색

120코(32 cm)

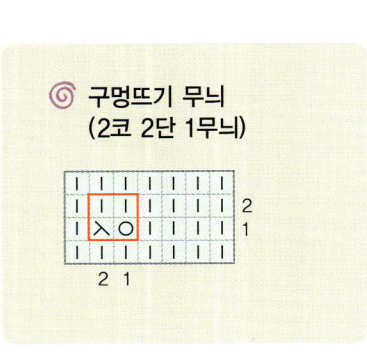

구멍뜨기 무늬
(2코 2단 1무늬)

2

2 1

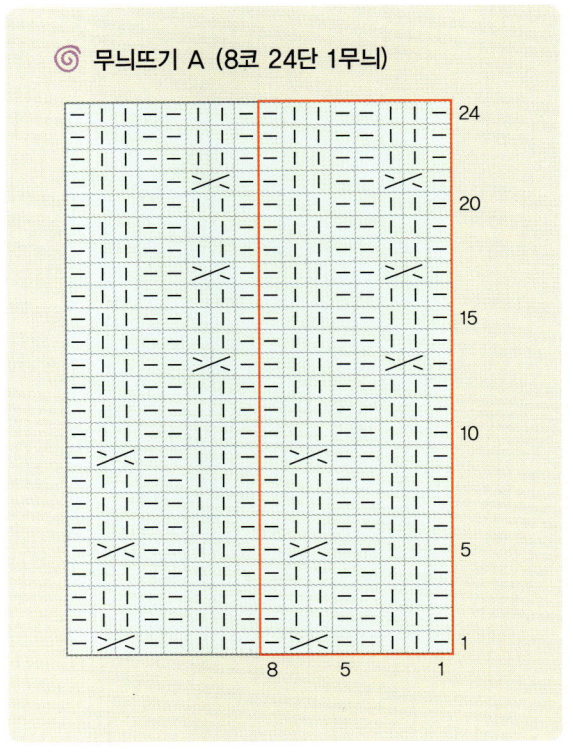

무늬뜨기 A (8코 24단 1무늬)

knit for baby & kids

5 베이지색 모자와 목도리

1. 모자 무늬뜨기
2. 모자 밑단은 무늬뜨기 A로 뜬다.
3. 목도리 술 달기
4. 목도리 무늬뜨기

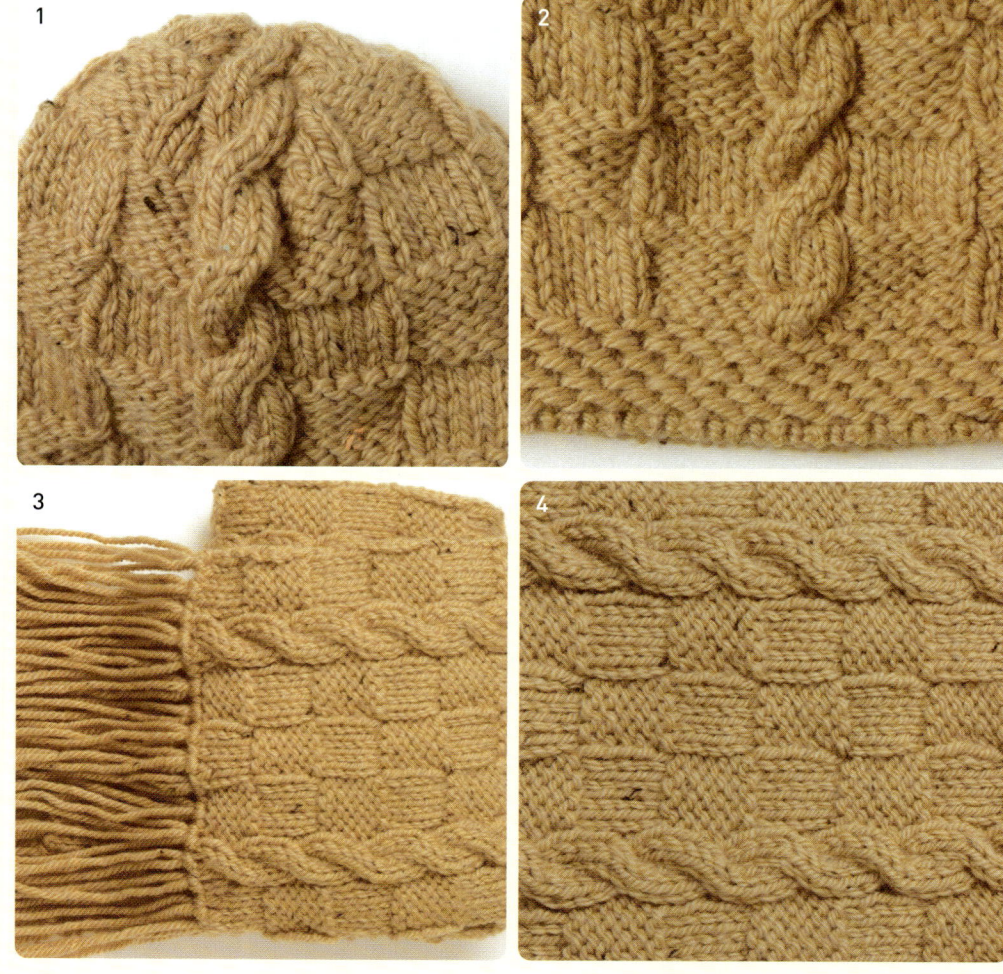

베이지색 모자와 목도리

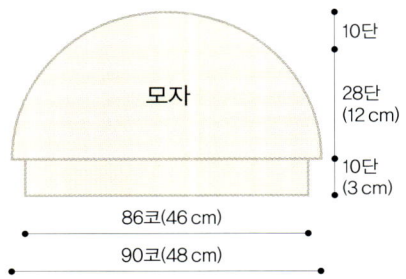

완성 치수
모자 : ∮23cm
목도리 : 19×193cm

재료와 도구
실   로덴(베이지색)
바늘   6mm 줄바늘, 돗바늘, 코바
       늘 8호

 뜨는 방법

【모자】

① 6mm 줄바늘과 실을 이용해 흔들코 86코를 만들어 무늬뜨기 A로 10단을 뜬다.

② 도안 1처럼 무늬를 배치하여 30단까지 뜨고 31단부터는 4각을 잡아 무늬뜨기 B에 바둑판 무늬 16코를 8단 뜨며 줄이는데 도안 1을 참고하여 줄이고, 나머지 코 16코는 돗바늘에 끼워 묶어 마무리한다.

③ 오픈된 옆솔기는 돗바늘로 붙여 완성한다.

【목도리】

① 목도리는 기본코 34코를 만들어 무늬뜨기 B로 366단을 뜨고 막음코로 마무리한다.

② 양옆 가장자리에 술을 달아 장식을 마무리한다.

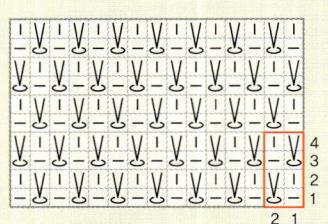

모자

10단
28단
(12 cm)
10단
(3 cm)

86코(46 cm)
90코(48 cm)

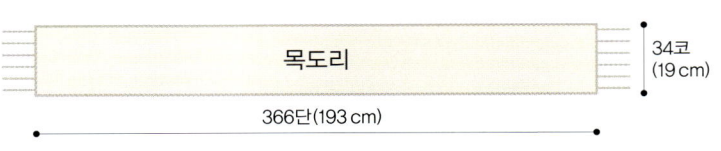

목도리

34코
(19 cm)

366단(193 cm)

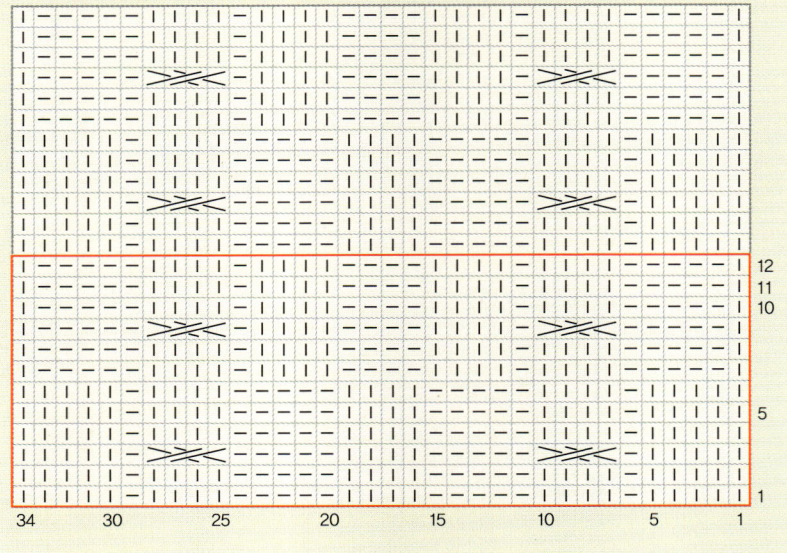

🌀 무늬뜨기 B (34코 12단 1무늬)

🌀 무늬뜨기 A (2코 4단 1무늬)

 도안 1

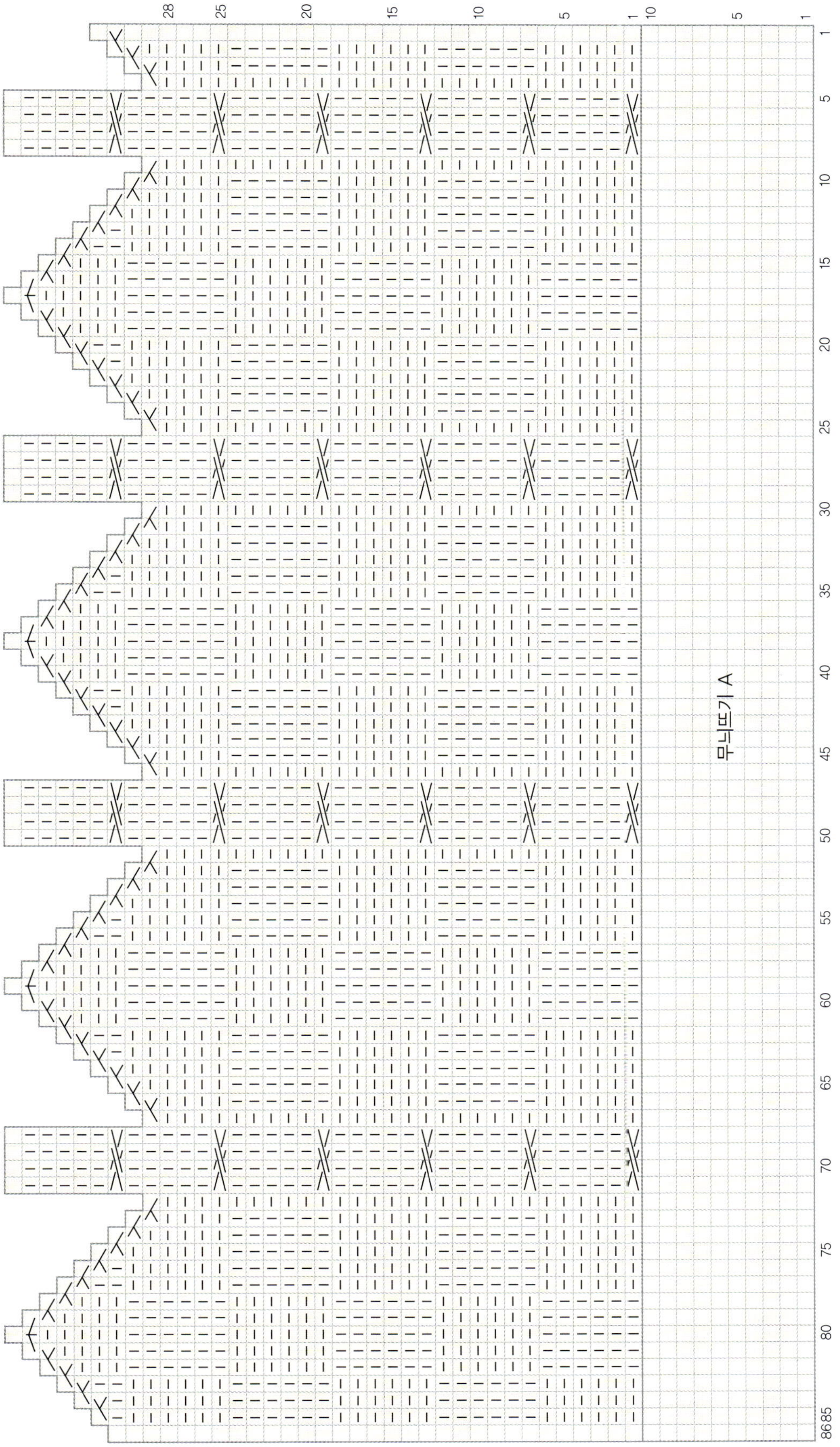

무늬뜨기 A

6

체리핑크 모자와 목도리

1. 모자 무늬뜨기
2. 모자 밑단은 무늬뜨기 A로 뜬다.
3. 목도리 술 달기
4. 목도리 무늬뜨기

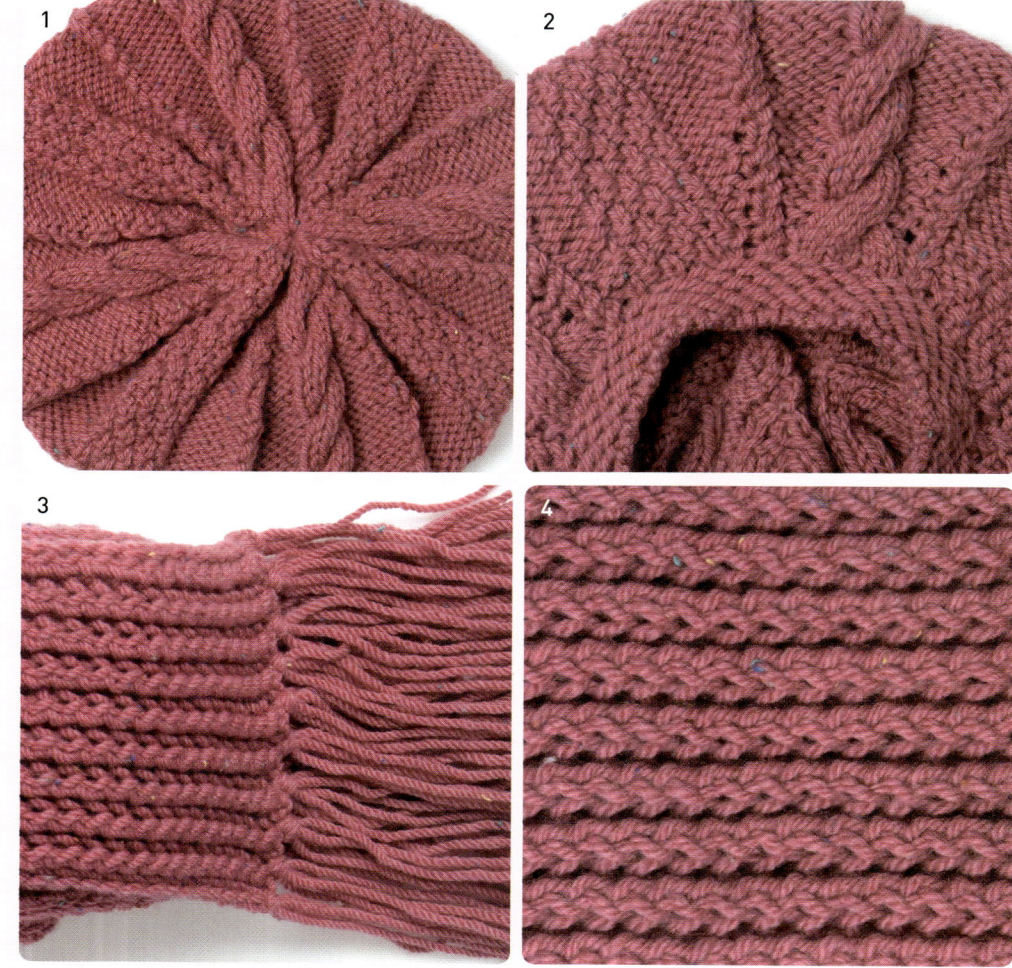

체리핑크 모자와 목도리

 뜨는 방법

【모자】

❶ 흔들코 64코를 만들어 무늬뜨기 A로 10단을 뜨고 도안 1처럼 모자를 뜬다.

❷ 나머지코 16코는 돗바늘에 끼워 묶어 마무리한다.

【목도리】

❶ 기본코 30코를 만들어 무늬뜨기 B로 376단을 뜨고 막음코로 마무리한 후, 양옆 가장자리에 술을 달아 장식한다.

완성 치수
모자 : φ22~50cm
목도리 : 15×214cm

재료와 도구
실   로덴(체리핑크)
바늘   6mm 줄바늘, 돗바늘, 코바
         늘 6호

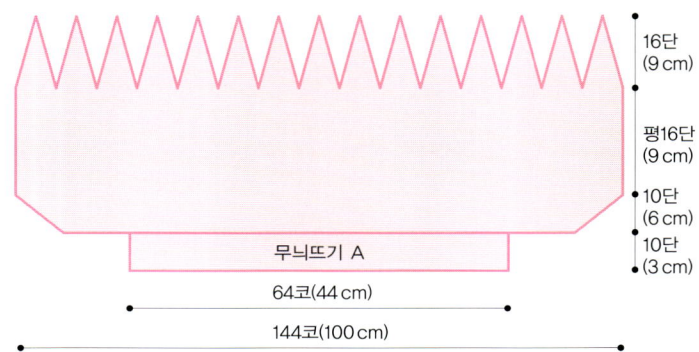

16단
(9cm)

평16단
(9cm)

10단
(6cm)

10단
(3cm)

무늬뜨기 A

64코(44 cm)

144코(100 cm)

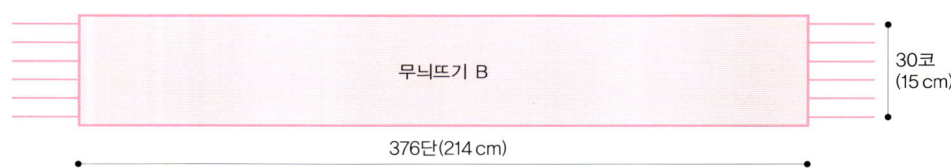

무늬뜨기 B

30코
(15 cm)

376단(214 cm)

🌀 **무늬뜨기 A (2코 4단 1무늬)**

🌀 **무늬뜨기 B (3코 2단 1무늬)**

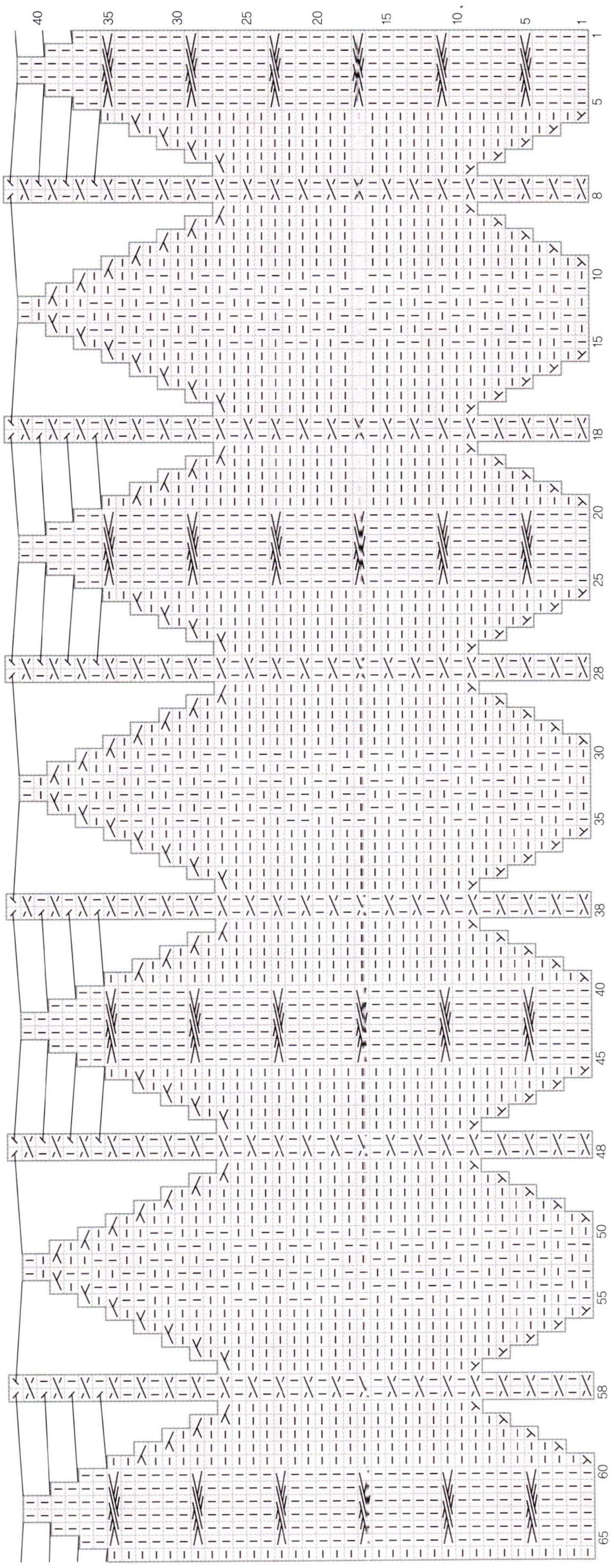

Baby & Kids
어린이 패션 손뜨개

2007년 4월 15일 1판 1쇄
2012년 2월 20일 1판 2쇄

저자 : 임현지
펴낸이 : 남상호

펴낸곳 : 도서출판 **예신**
www.yesin.co.kr

140-896 서울시 용산구 효창원로 64길 6
대표전화 : 704-4233, 팩스 : 335-1986
등록번호 : 제03-01365호(2002. 4. 18)

값 15,000원

ISBN : 978-89-5649-052-6